CARREIRA

O COMEÇO CERTO EM UM FUTURO INCERTO

FELIPE MALUF

Convidados:

Vera Lana
Empresária e especialista em RH

Prefácio de
Sidnei Oliveira
Escritor e palestrante *expert* em gerações

CARREIRA

O COMEÇO CERTO EM UM FUTURO INCERTO

Integrare business

Publisher
Luciana M. Tiba

Editor
André Luiz M. Tiba

Coordenação e produção editorial
ERJ Composição Editorial

Projeto gráfico e diagramação
ERJ Composição Editorial

Arte de capa
Qpix – estúdio de criação – Renato Sievers

Preparação de texto
Renata Truyts

Dados Internacionais de Catalogação na Publicação (CIP)
(Câmara Brasileira do Livro, SP, Brasil)

Maluf, Felipe
Carreira : o começo certo em um futuro incerto / Felipe Maluf ; convidados Vera Lana ; prefácio de Sidnei Oliveira. -- São Paulo : Integrare Editora, 2015.

ISBN 978-85-8211-071-3

1. Administração de conflitos 2. Carreira profissional - Desenvolvimento 3. Coaching 4. Comportamento organizacional 5. Conflito de gerações 6. Jovens - Trabalho 7. Relações entre gerações 8. Relações interpessoais I. Lana, Vera. II. Oliveira, Sidnei. III. Título.

15-09703 CDD-650.14

Índices para catálogo sistemático:
1. Carreira profissional : Desenvolvimento : Administração 650.14

Rua Tabapuã, 1123 – conj.71
CEP 04533-014 – São Paulo – SP – Brasil
Tel. (55) (11) 3562-8590
Visite nosso site: www.integrareeditora.com.br

Agradecimentos

Agradeço aos meus sobrinhos, Manuela, Henrique e Letícia por existirem. Sem saber me motivam na busca por um mundo melhor e enchem minha alma de esperança.

À minha mãe Mara pelas correções e alterações e por insistir em dizer que nasci para ajudar os outros.

Ao meu pai Fernando pela linda história no mundo editorial e por incentivar meu crescimento.

Às irmãs Camila e Amanda pela torcida e mães exemplares que se tornaram.

À minha avó Yvonne pelo seio familiar, valores e raízes.

Aos meus sócios Marcelo e Eduardo pela paciência na minha ausência e apoio.

À minha namorada Victoria pela parceria e doces palavras de incentivo sempre.

Ao Sidnei Oliveira, meu mentor e gerador de cicatrizes que trazem crescimento.

À Vera Lana pela participação, aposta e carinho.

Aos irmãos André e Lu Tiba por acreditarem que a minha causa faz sentido com a missão da Integrare Editora pela qual tenho um profundo respeito.

Apresentação

Não sou adepto de receitas nem de planos. Não confio em manual do sucesso nem guia para ser feliz. Adoro cozinhar, faço isso com certa frequência, mas nunca com uma receita nas mãos. Nada substitui meu instinto e a minha vontade naquele momento. A receita diz bacon e eu quero presunto cru, e daí?

O que deu certo para mim pode não dar certo para outro e vice versa. Os ingredientes podem não ser os mesmos, a temperatura do forno pode ser diferente.

Nem todo livro que leio consigo abstrair ou aproveitar tudo. Mas sempre busco tirar alguma coisa de cada um. Assim vale para palestras, filmes e daí por diante.

Este livro não traz consigo a pretensão de ser um guia para todos os jovens em início de carreira. Traz, sim, a esperança de que se alguma das dicas ou aprendizados compartilhados forem colocados em prática, vão me tornar um profissional (ainda mais) realizado. Nada paga o sentimento de "ser útil ao próximo" – algo que aprendi com o tempo.

Guardo comigo coisas pequenas, palavras e gestos que mudaram minha forma de pensar, de agir. Foram elas que me trouxeram o que considero sucesso em uma nova carreira; iniciada após os meus 30 anos. É isso que quero dividir aqui nas próximas páginas. Se este livro chegou até você, é porque ele precisava estar em suas mãos. Aproveite, mas lembre-se sempre que:

"Todo mundo tem um plano até levar o primeiro soco na cara!"

Mike Tyson

Sumário

Prefácio

"Toda geração tem a chance de mudar o mundo."

Bono Vox

É um privilégio prefaciar esta obra, principalmente porque ela nos convida a refletir sobre uma das mais permanentes aspirações do ser humano – a carreira profissional.

Estamos em um tempo de mudanças de paradigmas. Os novos comportamentos e expectativas dos profissionais, principalmente dos jovens, estão pressionando as empresas a adotarem mudanças significativas nas relações com seus empregados. O modelo atual surgiu há mais de cinquenta anos e não reflete mais a atualidade.

Trabalhar em casa já não é mais um absurdo, principalmente depois do surgimento do *notebook*, de celulares e *e-mails*. Conceitos como "dias úteis" e "horário comercial" estão completamente alterados com toda tecnologia digital. O novo profissional sabe que o trabalho está invadindo sua "vida pessoal", por isso acha natural que "sua vida" também invada o trabalho. Neste cenário, o jovem de hoje sabe que deve manifestar as expectativas de conciliar suas "duas vidas".

Toda tecnologia que surgiu nos últimos vinte anos afetou completamente o sistema cognitivo da nova geração de profissionais, e o maior impacto que se observa é na comunicação. As novas tecnologias estão transformando completamente a linguagem em um novo conceito – a conectividade. Por isso, o jovem tem que analisar com mais estratégia a incorporação da tecnologia em sua trajetória profissional, afinal agora todos podem se conectar sem necessariamente se comunicarem. Todo processo de troca de informações agora está sendo adaptado às conveniências pessoais, uma vez que o acelerado ritmo de vida transformou completamente a forma das pessoas estabelecerem suas prioridades.

Muitos estão estudando e buscando soluções para a nova realidade. Contudo, ainda não existem fórmulas mágicas e infalíveis. O que se observa é que, usar de flexibilidade e inovação são formas de criar novos processos que permitam explorar melhor o potencial do jovem profissional. Um processo que precisa ser melhor assimilado nas empresas também é a acessibilidade que é disponibilizada para os jovens. Eles atuam totalmente conectados e cada vez mais por meio de redes sociais. Ampliar o acesso do jovem a estas ferramentas é absolutamente prioritário nos próximos anos.

Falar sobre carreira não é fácil, pois trata-se de um conceito abstrato, com diversas possibilidades de interpretações, comparações e referências que ultrapassam culturas, hábitos, comportamentos e manifestações sociais. Portanto, isso traz uma inquietação: será possível registrar um conceito dessa envergadura em um único livro?

Esta é a grata surpresa que Felipe nos traz nesta obra, pois com uma estrutura de pensamento coerente e simples, ele demonstra que é possível refletir sobre carreira a partir de um posicionamento pessoal que exige o protagonismo. Com exemplos pessoais e conselhos objetivos, a leitura conduz a reflexões muitas vezes óbvias, mas que acabamos esquecemos por pura falta de foco.

Após a leitura, algumas imagens certamente surgirão como referência para que o leitor possa transformar esses conceitos em algo que tenha aplicação em sua vida.

Desejo uma boa leitura!

Sidnei Oliveira

Escritor e mentor

Autor dos livros da série
Geração Y e colunista na *Exame.com*

Introdução

O futuro não lhe pertence, e é isso que faz a vida se tornar incrível. Se tudo estivesse previsto, perderia a graça, a magia. Viver é aprender a lidar com incertezas e principalmente aprender a fazer escolhas.

Carreira se constrói com uma sequência de escolhas: boas e ruins. Durante a sua trajetória você vai se deparar com muitas dificuldades e para cada uma delas irão lhe apresentar algum manual ou receita de sucesso. Algumas podem funcionar, mas outras não são simples de colocar em prática – as pessoas são diferentes e os contextos também.

A tecnologia invadiu nossas vidas e é um caminho sem volta; precisamos aprender a lidar com os exageros e com a nova linguagem que se instala no mundo hiperconectado. A era da informação exige filtros, inteligência emocional e principalmente AÇÃO para concretizar projetos.

O momento é nebuloso e incerto: a economia mostra fragilidade e a política uma ausência de direcionamento. Chegou a hora de assumir as rédeas do que é controlável: a sua vida.

Este livro traz uma série de reflexões e conselhos práticos, que não vão livrar você dos erros, mas podem lhe dar uma nova versão sobre os aprendizados que vai tirar das suas cicatrizes e eventuais tombos.

Sua carreira pode lhe trazer realização e felicidade; as quais serão reflexos das suas escolhas. E essa mesma vida incerta traz a opção de fazer uma escolha aqui e agora: VAI OU FICA?

1

Emancipação do tédio

Vivemos uma era de mudanças ou uma mudança de era? O futuro vai nos responder, mas principalmente acredito que vivemos uma fase repleta de importantes mudanças comportamentais. Reflexos da tecnologia, da acessibilidade, do mundo nas mãos em todos os 1.440 minutos dos nossos dias.

O que é ser jovem, além de carregar a certeza de ter uma vida inteira pela frente? A juventude está associada ao tempo, mas, acima de tudo, significa poder extravasar só para contrariar. É provar para o mundo que se é capaz – tanto de acertar, quanto quebrar a cara.

Vivemos uma era de mudanças ou uma mudança de era?

Nenhuma definição de juventude é mais completa e instigante do que esta da equipe da Box 1824 – Youth Mode (www.box1824.com.br), empresa especialista em estudo de tendências ligadas ao mundo jovem e que muito inspira meu trabalho como *coach* e palestrante.

Juventude não é liberdade em um sentido político. É uma emancipação do tédio, do previsível, da tradição. É atingir um potencial máximo: a habilidade de ser a pessoa que você quer ser. Trata-se da liberdade de escolher como se relacionar; de experimentar coisas novas; de cometer erros. A juventude entende que toda liberdade tem limites e que ser adaptável é a única forma de ser livre.

Não importa se você é ________, ________, ou ________, o desejo de escapar das limitações da vida cotidiana é universal.

Mas a emancipação do tédio, do previsível, da tradição me preocupam muito. Remetem a duas palavras que, quando combinadas, me causam arrepios: juventude e carreira.

Existe carreira sem tarefas entediantes? Existem carreiras tradicionais, e agora?

Como pensar em carreira sem trabalhar com a previsibilidade? Estamos chegando a uma encruzilhada. A virtualidade pode estar ofuscando a realidade de forma agressiva.

> A juventude entende que toda liberdade tem limites e que ser adaptável é a única forma de ser livre.

E a parte mais sedutora do trecho da Box 1824 pode ser a mais traiçoeira. São três lacunas que, como um livro em branco, deixam as mentes livres para ser o que quiserem, para construir e para sonhar. Ser jovem é sonhar, e muito.

Os mesmos espaços em branco que seduzem também podem atrapalhar, confundir, levar para lugar nenhum. A ânsia por ser tudo, por ser especial, por ser único, pelo pôr do sol mais bonito e por escapar das tais limitações cotidianas pode não ter fim.

Este é o mal do século em que vivemos, a falta de objetivos que levam a lugares bem definidos e não por lacunas aventureiras. Pensar em carreira é pensar em onde se quer chegar, no próximo passo, em uma trajetória que se comunique e faça sentido. Pensar em carreira é, sim, saber que teremos momentos entediantes, rotinas, tarefas nem sempre prazerosas e recompensadoras.

Viva os tempos da comparação! Da falta de identidade, dos exagerados estímulos, das diferentes formas de ser livre e de se emancipar do tédio. Foi-se o tempo de ser alguém normal. Aliás, ser normal hoje é carregar uma vareta que acople seu celular ou sua câmera para onde quer que vá. Viva o umbigo e a eternização de momentos corriqueiros.

Tudo isso tem limites, e precisamos dar alguns passos atrás para evitar tropeços à frente. Juntos vamos refletir nas próximas páginas. Permita-se. Ler um livro até o final ainda é normal.

Pensar em carreira é, sim, saber que teremos momentos entediantes, rotinas, tarefas nem sempre prazerosas e recompensadoras.

Boa leitura, jovens! Que esta não os deixe entediados.

Algo que vivenciei...

Tratava-se de um jovem profissional fora da curva. Extremamente criativo e talentoso, conseguia montar apresentações em Power Point e planilhas melhor do que qualquer um daquela área de Trade Marketing formada por sete pessoas – todas mais experientes e vividas que ele. Mais do que isso, era rápido o suficiente para, em pouco tempo, entender a dinâmica daquele mercado e as necessidades dos clientes internos; além disso, dava-se muito bem no contato superficial que fazia com os varejistas atendidos em sua área.

Tinha tudo para ser promovido e assumir novas responsabilidades: vinha de uma universidade com um ótimo nível, virava-se muito bem no inglês, era carismático, entregava com qualidade o que era pedido e cumpria outros pré-requisitos importantes exigidos pelo RH da empresa... mas existia um problema gigante a ser administrado: a juventude.

A falta de noção e a cara de pau era tão grande que, infelizmente, a sua promoção começou a ser bastante questionada e discutida por todos da área. Era unanimidade o elevado valor do seu trabalho, mas a falta de disciplina e o mínimo de respeito com os outros eram maiores. Não adiantava fazer sessões de *feedback* individuais com a gerente da área ou com todos do time: dois dias depois tudo voltava ao normal e a má postura ofuscava todos seus pontos fortes, literalmente. Seu umbigo era do tamanho do mundo.

Nesse quadro, foi demitido da multinacional que atuava. Possuía o mais difícil e pecava no mais simples. Esta novela da vida real não é rara de se ver no mercado de trabalho, e digo que vivenciei de perto em uma das multinacionais em que trabalhei. A imaturidade venceu esse jogo. Conhecimento e habilidades individuais ficaram em segundo plano e prejudicaram o início de uma carreira de um jovem fora da curva.

...virou algo que retratei...

Neste livro, farei um paralelo com o vídeo *Entrevista com Estagiário*, o qual idealizei em 2011 e hoje possui alguns milhões de visualizações no Youtube® – provavelmente já foi visto por mais de cinco milhões de pessoas no Brasil e no mundo. O sucesso e a repercussão que causa até os dias atuais me despertaram uma vontade de explorar ainda mais o assunto: o universo jovem e o início de carreira.

Não existe receita certa para viralizar algum conteúdo na *web*. Particularmente, acredito na soma de alguns fatores, como a verdade por trás dos fatos e a forma cômica e escrachada de expor uma situação corriqueira. O sucesso deste *webhit* significa muito mais que a contabilização de visualizações; significa o nascimento de uma causa e o encontro com uma missão a ser cumprida neste mundo repleto de ansiedade e inseguranças.

Caso não conheça o vídeo a que me refiro, procure no Youtube® por *Entrevista com Estagiário.* Assista as duas partes, pois vão ajudá-lo a compreender melhor alguns detalhes que virão mais para frente.

2

Você não tem idade para ser frustrado

Outro dia, deparei-me com um perfil de um garoto em uma rede social com a seguinte autodescrição: boxeador, pianista e arquiteto. Não sei ao certo o quão bom em cada atividade aquele indivíduo é, o que é profissão, o que é *hobby* ou o que é pura tiração de sarro. Mas aquilo me marcou; fiquei me questionando como ficaria a cabeça de um jovem inseguro, que ainda não conseguiu se estabelecer em uma única profissão, ao ler aqueles "títulos". Não vivenciei isso na minha imaturidade, não existia rede social quando comecei minha carreira. Mal existia telefone celular. As pessoas eram mais reservadas, e se não fossem, poucos ficavam sabendo. Era cada um no seu mundinho, vivendo o seu "tédio" em silêncio.

Embora eu não tenha sido um estagiário sem noção que colocou o primeiro emprego em jogo, ao longo da minha carreira senti na pele o que a falta de preparo emocional e os fatores comportamentais podem causar. E foram esses fatores que despertaram a vontade de preencher uma necessidade latente: muitos jovens estão sozinhos nesse jogo e sem alguém para os aconselhar e direcionar. Ou simplesmente acalmar e fazer respirar.

Acredito que posso explicar melhor o contexto dividindo com vocês meus acertos e principalmente os meus erros. Minha carreira sempre foi cheia de altos e baixos e com aprendizados que podem e devem ser compartilhados.

Um pouco de mim

Hoje estou beirando os 35 anos, aprendi muito dando "cabeçadas" e com a simples vivência da vida. Não me lembro com absoluta clareza de como foi o processo de decisão para a escolha da minha primeira faculdade. Não tive uma influência familiar e não nasci dizendo "quando crescer quero ser aquilo e ponto final".

Meu pai é um homem de negócios que se dedicou em princípio a um comércio próprio, depois como executivo de uma grande produtora de papel e celulose do país. Minha mãe é formada em Arquitetura e Urbanismo pela USP, mas nunca exerceu sua profissão. Precisou, ainda na faculdade, achar rapidamente uma fonte de renda para pagar o conserto do carro que foi batido em um dia de forte chuva. A escolha mais fácil foi utilizar o Q.I. acima da média para dar aulas particulares para alunos da escola onde estudou; essa brincadeira ficou séria, tomou volume, e a profissão se consolidou antes mesmo de sua graduação. Pasmem: minha mãe é professora particular das matérias do ensino médio até os dias atuais.

Pelo lado das irmãs, nada muito influenciador em termos de profissão. Uma é formada em Propaganda e Marketing e hoje atua com Marketing Esportivo;

outra é Fonoaudióloga e atua como Gestora Comercial de uma das grandes empresas de telefonia do país. Força da necessidade e contas vencendo.

Lembro-me, nos meus 17 anos, de prestar atenção aos *rankings* dos cursos mais procurados do país, e com isso um "patinho feio" na época chamava a atenção: fisioterapia. Eu sabia pouco sobre o curso e a profissão, e não fui curioso o suficiente para ir atrás de informações relevantes ou de conversar com pessoas já formadas na área. Está aí o primeiro grande erro.

O que realmente me chamou a atenção foi o nome fisioterapia ganhar relevância na sociedade com o caso da recuperação pós-lesão do craque Ronaldo.

Ao chegar à Inter de Milão em 1998, Ronaldo assumiu a camisa 9 e prometia muitos gols. Mas, infelizmente, o atacante não a vestiu por muito tempo. Logo no início da temporada 99, o Fenômeno sofreu uma grave lesão no joelho e ficou afastado por cinco longos meses dos gramados. Voltou aos campos em abril de 2000, mas sofreu nova lesão no mesmo joelho, o que o afastou por mais 15 meses.

Meu foco passou então para a possibilidade de trabalhar com esporte (fui jogador de basquete federado por sete anos e sempre pratiquei esportes), ingressar em um curso que ganhava relevância nas mídias e nos *rankings*, e ainda por cima com a possibilidade de abrir uma clínica em conjunto com minha irmã Fonoaudióloga, uma vez que as especialidades podem ser complementares. Isso sim era relevante para mim, a decisão estava tomada.

Como sempre fui um aluno regular, não tive dificuldades de terminar o ensino médio e ser aprovado no curso de Fisioterapia da Unip ainda na metade do meu último ano no colégio. Tudo o que eu precisava: zero tensão para os próximos meses e o pesadelo do vestibular já superado e sem traumas.

A frustração

Os primeiros meses de faculdade são mágicos. Tudo é novo: amigos, professores, festas, bares, mais festas e aquela atmosfera única que nos faz sentir adultos. É o momento de vida em que você mostra para sociedade que já sabe tomar decisões e está lá por sua própria vontade. Sou adulto!

É o momento de vida em que você mostra para sociedade que já sabe tomar decisões e está lá por sua própria vontade.

Mas aquilo durou pouco para mim, a magia acabou, a expectativa se quebrou. Com o aprofundamento das matérias, fui sentindo que não tinha muito perfil para aquilo tudo, as provas não me empolgavam para o estudo e eu senti a realidade do que era ser fisioterapeuta quando a prática começou a surgir. Lógico que eu gostava de esportes, mas a Fisioterapia tem outros contornos: trabalho com idosos, crianças especiais, traumas etc. Havia um longo caminho para me levar ao esporte. E mais: a triste realidade de remuneração baixa para profissionais (recém-formados) da saúde no Brasil. São poucos os que realmente conseguem despontar e realmente ganhar muito dinheiro. Naquela época eu me preocupava com aquilo, queria ter sucesso, comprar isso e aquilo, ter tal cargo e *status*. Eis o meu segundo grande erro!

Rapidamente o desânimo tomou conta da minha mente e aquilo tudo perdeu o sentido. Acredito muito que o que é feito sem sentido ou sem vontade tem uma possibilidade enorme de não dar certo. Sem esforço e envolvimento não haveria como ter bons resultados e boas notas.

A lua de mel com a faculdade foi curta demais e bastante intensa. Não me permiti aprofundar no mérito da questão e esperar o que aconteceria nos próximos capítulos. Ops, mais um erro?

Sim, como qualquer jovem (ou a maioria deles), fui superficial em minhas análises, priorizei o lado emocional e, sem mais nem menos, assuntando minha família e amigos, estava na secretaria da Unip solicitando o cancelamento da minha matrícula. Uma decisão precipitada estava tomada e meu futuro começava a ficar turvo e tenso.

O conflito

Chegando em casa, a notícia caiu como a abertura da comporta de uma represa: um tsunami de críticas e questionamentos sobre minha cabeça. Não havia como tirar a razão dos meus pais. Como em nenhum minuto do meu primeiro ano de faculdade contei para eles que não estava gostando do curso que escolhi ou estava decepcionado com o conteúdo visto até então, que notícia era essa? Imaturidade pura, que foi merecidamente reprimida com um corte de mesada e algumas outras punições que restringiam meu direito de ir e vir.

Era muito cedo para tomar uma decisão dessas – e eu sabia. Mas o que eu sentia dentro de mim era maior, e como qualquer jovem, queria tudo para ontem, precisava ser rápido para diminuir minha angústia e sofrimento.

Resultado: "ganhei" seis meses de cursinho e a chance de repensar o que eu queria para minha vida. Sinceramente não sei se seria tão bonzinho com meu filho neste caso, mas eles entenderam minha posição. Nessa hora tão cruel, oscilante, tive um apoio importante e o impulso para seguir em frente.

A mais pura falta de certeza

Cursinho é muito divertido; você aprende e dá risada com aqueles professores performáticos, mais uma vez conhece gente nova e tem festa para ir. Mas voltar a falar de fórmula de Bhaskara e de Química Orgânica era demais para alguém que já sentiu na pele o gostinho de ser adulto. Uma regressão sem tamanho para meu ego inflado... de quem já esteve do outro lado.

Os meses voaram e chegou a hora das inscrições para o vestibular. Escolher, escolher rápido! E, se perder o prazo, perdeu. Voltar para fim da fila... mais alguns meses de cursinho e mais pressão.

Mas o que eu realmente quero? Quem sou eu? Eram perguntas muito complexas para minha idade, apesar da experiência adquirida com um passo mal dado. Fui fazer aquilo que dava mais área de atuação para minha carreira: a boa e velha Administração. Escolhi ainda "com ênfase em Marketing", pois fazia sentido ampliar ainda mais o escopo e, como minha irmã mais velha trabalhava com marketing na época, essa opção me soava familiar. Não existia mais tempo para chamar de meu, o relógio jogava contra e a ansiedade em resolver, para ontem, os problemas, só aumentava.

ESPM, aí vou eu!

Foram os quatro anos mais rápidos e intensos da minha vida. A maturidade se fez presente na marra, trazendo discernimento para "engolir" as matérias chatas, aquelas que colocamos na categoria "nunca vou usar isso na vida" e "rachar" naquelas que abrem a mente e nos fazem sentir empolgados.

Estava na hora de mostrar para os meus pais que eu levava a vida a sério e honrava cada centavo investido naquela faculdade de ponta. Fui buscar um emprego, queria meus trocados e minha independência, mas a ESPM complicava minha vida (e a de todos os outros) uma vez que até no quinto semestre só era possível estudar de manhã e isso aniquilava qualquer possibilidade de trabalho com expediente de oito horas. Só restavam as

> Era o emprego dos sonhos: responsabilidade, mais amigos, festas, viagens, broncas, estratégia, clientes... tudo junto e misturado – assim como deve ser.

opções telemarketing e lojas de shopping, e eu queria mais que isso. Nessa época, a Lei de Estágio era muito menos rígida e não previa o máximo de 6 horas de jornada como a atual.

Foi aí que conheci a empresa júnior da ESPM (www.espmjr.org) e minha porta para o mercado de trabalho se abriu. Era o emprego dos sonhos: responsabilidade, mais amigos, festas, viagens, broncas, estratégias, clientes... tudo junto e misturado – assim como deve ser. Foram quase dois anos que jamais serão esquecidos – e digo que ainda sinto o velho gostinho com visitas regulares àquela empresa júnior, a grande escola prática que me preparou muito bem para o primeiro e tão desejado estágio em uma conhecida e desejada multinacional.

Passaporte carimbado

Entrar em uma grande multinacional é ganhar um passaporte para um novo e desconhecido mundo. Uma estrutura gigantesca, milhares de funcionários, matriz em Nova York, estrangeiros andando pelos corredores, grandes números e decisões transitando à sua frente. Nossa! Que incrível tudo isso! E eu faço parte... ueba! ☺

Apesar do glamour e de toda a pompa, meu estágio foi conturbado e desafiador. Minha gerente e contratante foi designada para uma outra área da empresa em apenas três meses, e sua vaga não foi preenchida imediatamente. Resultado: tive de me reportar diretamente para um diretor português por longos meses. Esse era o teste da minha vida, e eu passei.

Com 10 meses de estágio fui efetivado e aí, sim, eu me senti importante. Aquele estigma do "ele é estagiário" não existia mais e a empresa apostava em mim. Realmente tinha muita coisa boa por vir, eu estava no jogo.

O que aprendi aqui

Se a vida fosse permeada por certezas e trajetos pré-definidos, certamente ela não teria a menor graça. Não existiria frio no estômago, vitórias e a deliciosa sensação de ter feito a coisa certa.

A absoluta clareza dificilmente o acompanhará no início de carreira. A frustração e o conflito interno não são privilégios do seu vizinho ou colega. É cada vez mais raro encontrar jovens com a certeza do que querem em suas carreiras e profissões; as opções no mercado são cada vez maiores, cada vez mais sedutoras e presentes nas telas de *smartphones*.

A adolescência e a transição para o mundo adulto são marcadas pela triagem de oportunidades e experimentação de novas possibilidades. Não se culpe por isso, você faz parte de uma nova realidade profissional, bem diferente da era dos seus pais e avós. Sua pouca experiência para tomar uma decisão (que pode ser para o resto da sua vida) é mais do que aceitável, faz parte!

Tire esse piano das suas costas e deixe este período da sua vida mais leve, mesmo que isso soe como algo impossível. Quanto mais você se cobrar, mais complexo será. Errar é aceitável e constrói a sua experiência de vida, engrandece e o faz mais forte – quando você aceita isso como algo normal. A frustração é o sabor amargo que precede um prazer!

No entanto, a frustração só ocorre quando existem expectativas, e quanto maior elas se mostrarem, maior será a frustração. Quando a expectativa é frustrada pode muitas vezes despertar uma vontade de mudança e se transformar em impulso para novas ações. Portanto, se você coloca expectativas para tudo, pode passar uma vida tentando realizar mudanças e nunca se sentirá satisfeito com o que tem.

Uma das definições sobre o que é um indivíduo frustrado diz: "... é aquele que não alcançou seu ideal, a sua ambição, o seu desejo. É o indivíduo que não conseguiu concretizar seu objetivo de vida".

Mas espera aí! Você tem a expectativa de concretizar seu objetivo de vida com a sua atual idade? Calma, sua hora não chegou. Você também não tem idade para ser um frustrado!

3

Muito além do CV

Ao mesmo tempo em que meu passaporte para o mercado era carimbado e minha família comemorava, para outros não foi um momento tão feliz assim. Inclusive para amigos próximos que também estagiavam na mesma época e que acabaram não sendo efetivados nas empresas onde trabalhavam – alguns por falta de espaço nas empresas, outros por fatores "pessoais". Nesse momento, começava a ficar claro diante dos meus olhos que alguns eram simplesmente eliminados por questões comportamentais, e que poderiam ter sido ajustadas no decorrer do estágio. Faltava orientação!

Mais de 10 anos após o meu estágio nesta multinacional, a vida me trouxe uma oportunidade ímpar: eu poderia ajudar de alguma forma os jovens de hoje – assim como alguém mais experiente poderia ter ajudado os meus amigos e conhecidos no passado. Minha bagagem acumulada me permite então fazer interferências positivas nas vivências dos novatos e daqueles que

Minha bagagem acumulada me permite então fazer interferências positivas nas vivências dos novatos e daqueles que ingressam no mercado de trabalho, com muito mais propriedade.

ingressam no mercado de trabalho, com muito mais propriedade. Tornar isso tudo em uma nova carreira foi consequência, e virou uma paixão. Algo que me faz acordar com a certeza de que posso ser útil a alguém.

"Alguns estudos apontam que boa parte das demissões são causadas por fatores comportamentais e emocionais". Esta é a forte frase que escolhi para fechar o vídeo *Entrevista com Estagiário* que mencionei no começo do livro. Agora ficou clara a razão de existir do vídeo, certo? Adoraria que tudo isso fosse um exagero da minha parte. Mas o fato é que muitas e muitas pessoas perdem seus desejados e suados empregos por fatores considerados evitáveis e fora do contexto de atuação técnica do profissional. Vai muito além do *Curriculum Vitae*.

Neste momento, vale a pena explorar um pouco mais o que é comportamento. Segundo a Wikipédia, em psicologia, o comportamento é a conduta, procedimento ou o conjunto das reações observáveis em indivíduos em determinadas circunstâncias inseridos em ambientes controlados. Pois bem, chegamos em um ponto importante: a grande maioria das pessoas que começam a carreira iniciam em algum ambiente já existente, com regras predefinidas e por conclusão são "ambientes controlados". Mas muitos jovens acreditam que por já estarem na faculdade ou com um diploma na mão são maduros o suficiente para não serem mais "controlados". Bingo!

E não é apenas o lado mais frágil da corda que paga o preço, o mercado é frio e calculista.

E não é apenas o lado mais frágil da corda que paga

o preço, o mercado é frio e calculista; não é difícil encontrar casos de altos executivos que foram desligados por fatores relacionados ao comportamento. Tudo pode acontecer de errado – desde um simples *post* mal pensado no Facebook ou Twitter até mesmo em grandes e escabrosos casos de desvio de conduta e corrupção. Por incrível que pareça, no período em que este livro era escrito (2014/2015), um grande amigo foi demitido de uma das maiores agências de publicidade do Brasil. O motivo: um *post* no Instagram durante um feriado nacional. Não posso entrar em detalhes por motivos óbvios, mas, acreditem, ele tinha um cargo de diretor de criação e um salário de dar inveja. Isso não é suficiente para evitar um desligamento.

O que precisamos focar aqui são os pequenos casos que, com um mínimo de orientação e bom senso, podem elucidar um jovem em início de carreira e trazer a avaliação de potencial do indivíduo apenas para o campo profissional em si.

A apresentação do caso do jovem demitido narrada no início do livro é verídica e aconteceu em um cenário repleto de jovens extremamente bem formados e com acesso amplo à informação. Pequenos detalhes podem ser decisivos; se para aqueles que estão empregados, manter-se no emprego é um desafio diário, para aqueles que estão ingressando no mercado de trabalho, as dificuldades são ainda maiores.

E não se iluda: no mercado de trabalho ninguém é bonzinho; não existem quaisquer garantias de emprego por parte das empresas, trazendo aos profissionais empregados o ônus constante do estresse de continuar no emprego atual e a forte exigência por atualização e reciclagem periódica. Isso sem falar na crise econômica e política que o país atravessa e afeta diretamente o mercado de trabalho. A competitividade se acirra em tempos difíceis.

Cada um no seu quadrado

Passar de 6 a 12 horas diárias com os colegas de trabalho pode trazer à tona um dos maiores perigos que um profissional pode correr: a falsa impressão de intimidade e liberdade para avançar algumas barreiras invisíveis. Muitos empregos representam às pessoas passar mais tempo no trabalho do que nas próprias casas, com os entes queridos e as pessoas que escolhemos para dividir o mesmo teto.

Lógico que para falar de comportamento e mercado de trabalho precisamos respeitar as diferentes profissões, tipos de empresas e grau de comprometimento: um ambiente de trabalho de uma corretora de valores provavelmente é mais formal que o de uma agência de *web design*, assim como cuidar de um leito de hospital exige um controle mais rígido e constante que em uma loja de shopping. Faz-se necessária, assim, a criação de uma linha de pensamento sobre este assunto que atenda diversas situações do cotidiano, da rotina de um dia de trabalho.

Uma recente pesquisa realizada por uma importante empresa de recrutamento e seleção com mais de 50 mil profissionais, mostrou que o mau comportamento dos funcionários é o segundo maior motivo de demissão nas empresas. Os principais problemas apontados são de relacionamento com o superior e com os colegas, faltas e atrasos (lembra dos "ambientes controlados" citados há pouco?). Em primeiro lugar na pesquisa está o mau desempenho profissional, ou seja, a não entrega dos resultados esperados.[1]

Quando abordamos mais estritamente o mundo "jovem", o mundo dos que estão debutando no mercado, podemos ainda apontar alguns aspectos que pesam no quesito "comportamento" e que podem impactar negativamente as carreiras que se iniciam:

- Dar respostas impensadas: falar o que vem à cabeça sem calcular o impacto que as palavras podem trazer.
- Achar-se o tal: chegar ao mercado de trabalho com nariz em pé e achando que ter cursado uma boa faculdade é o suficiente para conquistar espaço e respeito.
- Brincar demais: não saber separar o momento da descontração dos momentos sérios.
- Falar mal dos colegas: alimentar a fofoca e disseminar informações sobre outros funcionários da empresa.
- Ter mau humor e instabilidade: não saber separar problemas pessoais do lado profissional e deixar o humor ser impactado por fatores externos.

[1] Fonte: http://g1.globo.com/jornal-hoje/noticia/2013/09/mau-comportamento-dos-funcionarios-e-segundo-maior-motivo-de-demissao.html.

- Ser desfocado: passar muito tempo em redes sociais (ou qualquer outro motivo externo ao ambiente de trabalho) e gastar pouca energia com o que é realmente importante.

Podemos notar que, muitas vezes, os motivos de demissões são uma sucessão de vários pequenos erros acumulados, uma somatória que pode visivelmente atrapalhar o desenvolvimento da carreira do profissional iniciante, pois o torna uma pessoa inadequada para o convívio com os colegas de trabalho e desalinhado com os objetivos das empresas.

Quem sou eu?

A fase inicial da carreira é um grande teste sobre nossas reações e buscas por preferências pessoais. O desejo de encontrar o tão sonhado "trabalho da minha vida" pode despertar em muitos uma árdua procura pelo "eu", e consequentemente um melhor gerenciamento de emoções e comportamentos. Mas tudo isso não é tão simples de se obter: não se compra na padaria, não é parte integrante dos horóscopos ou de livros de autoajuda.

O desejo de encontrar o tão sonhado "trabalho da minha vida" pode despertar em muitos uma árdua procura pelo "eu", e consequentemente um melhor gerenciamento de emoções e comportamentos.

Mas o que é na prática esse autoconhecimento de que tanto se fala? Por que ele é tão importante para obter sucesso na vida?

Minha vivência de uma década em grandes empresas me mostrou de forma clara que pessoas que administram bem suas emoções e respeitam suas escolhas naturais tendem a ser mais bem-sucedidas. Em ambientes competitivos, e principalmente com volume enorme de informações e desafios vindos por todos os lados, a capacidade de manter a mente equilibrada e saudável pode, sim, influenciar decisões, impactar resultados e trazer significado. Mas como ter inteligência emocional em um mundo em ebulição, em que vivenciamos profundas mudanças comportamentais e de estilo de vida? Praticando autoconhecimento, eis a resposta, pois uma coisa está intimamente ligada à outra. A inteligência emocional é a capacidade de identificar, utilizar, compreender e gerir suas emoções de forma positiva e, principalmente, construtiva. É reconhecer o seu próprio estado emocional e considerar o estado emocional dos outros. É interagir com o mundo de forma que atraia pessoas e coisas boas.

Em suma, a todos chega a hora de se questionar, de começar a entender um pouco do seu próprio mundo interior: seus pontos fortes e fracos, suas paixões, quem você é, o que você ama, qual o seu caráter, seu tipo de liderança. Autoconhecimento se pratica, se aprende, se recicla, ele desabrocha em nós com a experiência e principalmente com o tempo.

Autoconhecimento se pratica, se aprende, se recicla, ele desabrocha em nós com a experiência e principalmente com o tempo.

O que aprendi aqui

Você sempre vai precisar de conhecimento e informação, seja qual for sua escolha profissional ou sua área de atuação. Ser bom tecnicamente é premissa em algumas profissões e pode, sim, lhe trazer destaque na sua trajetória. Entretanto, em muitas outras situações, a questão-chave não está em "saber fazer algo", mas em "como fazer algo acontecer", ou seja, quais são os meios para chegar a algum fim.

Não adianta ser extremamente analítico e *expert* em análise de mercado, se para entregar um relatório em tempo você desrespeita colegas ou ofusca o trabalho de alguém. Não adianta realizar com êxito uma cirurgia delicada em um paciente se o seu trato com familiares aflitos é péssimo e os faz perder as esperanças. Não adianta chegar ao topo se o seu comportamento é questionável e violador.

Leve daqui a lição de que muitos no mundo e na sua cidade terão uma formação técnica similar ou até melhor que a sua. Vivemos na era da informação e o que não faltam são maneiras e alternativas para acessar conhecimento e saber mais. Mas neste minuto em que você digere este livro algum concorrente seu está na piscina em busca de uma nova foto para colocar em uma rede social; outros podem estar fazendo um curso *online* gratuito de uma renomada universidade internacional. São as escolhas de cada um.

O que vai fazer de você um profissional de sucesso não são apenas os resultados entregues e seu currículo: é a sua marca pessoal, a forma com que tratou e cuidou de pessoas. A maneira como enfrentou um problema. E para tudo isso você precisa de inteligência emocional e autoconhecimento – algo que não se compra, conquista-se com a vida e com esforço.

"Acordar para quem você é requer desapego de quem você imagina ser."

Allan Watts

4

Realização: muito cedo para se preocupar

O avassalador e intenso desejo de encontrar a realização no dia a dia e, consequentemente, no trabalho é uma invenção dos tempos modernos. Buscar a carreira dos sonhos que contemple um senso de propósito e reflita nossos valores, personalidade e paixões virou senso comum entre os jovens. Mas esse desejo muitas vezes pode dominar e também oprimir, por isso usei o adjetivo "avassalador".

Os tempos mudaram, a expectativa de vida mudou; vive-se mais do que há 50 anos, e isso impacta diretamente um planejamento de carreira e vida. Seus avós puderam, sim, vivenciar uma carreira por 35 e 40 anos e depois se preparar para a merecida aposentadoria por tempo de contribuição. O modelo atual e ultrapassado da previdência social contempla uma expectativa "baixa" de vida, pois tempos atrás a sociedade lidava bem com os seguintes marcos ao longo de uma vida tradicional:

- começar a trabalhar aos 18 anos (ou bem antes);
- parar de estudar antes dos 30 anos;
- parar de trabalhar entre 55 e 60 anos (aposentar-se).

Isso faz sentido até mesmo para a expectativa de vida anunciada atualmente pelo IBGE (Instituto Brasileiro de Geografia e Estatística) que está por volta de 75 anos. Entretanto, precisamos entender que esse número contempla uma média geral para um Brasil de desigualdades sociais, de extremos, onde são conhecidos os contrastes sociais, as chocantes lacunas de escolaridade e oportunidades. Assim, podemos acreditar que a expectativa real de vida do brasileiro (que tenha acesso ao básico) seja maior que isso, podendo chegar aos 90 ou até 100 anos de idade. Pense em algum conhecido ou celebridade que morreu recentemente por volta dos 65 ou 70 anos. Provavelmente você ouviu de alguém do seu círculo social: "Nossa, morreu tão jovem!" Algumas publicações respeitadas arriscam 120 anos de expectativa de vida para a próxima e ainda pouco discutida geração Z.

Não é objetivo principal deste livro falar de gerações passadas, futuras e seus desdobramentos. Entretanto precisamos estabelecer alguns pontos importantes para a construção do raciocínio. Se vamos viver mais que nossos pais e avós, precisaremos trabalhar mais – nada mais natural –, não só para conseguir manter nosso padrão de vida, mas para nos sentirmos e sermos úteis e produtivos diante da sociedade e suas expectativas e cobranças. Se considerarmos uma vida de 90 anos, pensar em aposentadoria com 60 anos é inviável, tanto para o governo que paga quanto para a pessoa que ficará ociosa tanto tempo depois de ter sido útil, operante e atuante.

Há movimentos direcionados aos aposentados favorecendo-os estudos universitários, abertura de microempresas, fatores que aumentam também a expectativa de mudar de vida, buscar novos rumos, manter-se ativo para não diminuir o padrão de vida, usufruindo a segurança da condição de aposentado.

Aposentadoria e novos rumos? Sim! Nunca é tarde para realizar novos planos, você vai entender isso no decorrer da sua vida. Inúmeras empresas de sucesso foram criadas por pessoas acima dos 60 anos, acredite.

Segurança *versus* realização

Vivemos momentos de fragmentações, pensamentos não lineares e uma enorme gama de opções a nosso dispor. Não sabemos lidar com isso. Somos bombardeados por milhares de estímulos sensoriais, visuais e auditivos vindos de todos os cantos. São filmes, novelas, seriados, propagandas, rádio, mp3, *chats* infinitos, *blogs*, redes sociais, *outdoors*, *e-mails*, revistas etc. E não adianta tentar se isolar do mundo e apagar a luz do quarto: o *smartphone* fica ao lado do travesseiro e tudo recomeça com um "deslize para desbloquear". Desafio simples: tente analisar a forma como você constrói seus pensamentos. É possível seguir apenas uma linha

Nossa forma caótica e desordenada de raciocinar com tantas informações e subsídios vindos de tantas fontes afeta nossa capacidade de tomar decisões, de agir com assertividade e obter foco de curto, médio e seja qual for o prazo.

de pensamento e concluí-la? Você consegue manter a mesma ideia (sobre qualquer assunto) por alguns dias ou semanas?

Nossa forma caótica e desordenada de raciocinar com tantas informações e subsídios vindos de tantas fontes afeta nossa capacidade de tomar decisões, de agir com assertividade e obter foco de curto, médio e seja qual for o prazo. Afeta diretamente o planejamento de carreira e reflexões sobre seu futuro.

Por falar nisso, vale a pena refletirmos um pouco sobre o sentido de carreira no passado e carreira atualmente. O modelo que mais fazia sentido no passado (época dos nossos pais e avós) era voltado para a segurança e a estabilidade profissional. Uma família só poderia prosperar com um chefe de família bem empregado e com boas perspectivas. Neste modelo, ficar 20 ou 30 anos em uma empresa e galgar posições era uma vitória, uma estrada desejável, um troféu a ser alcançado pelos pais de família. Provavelmente alguém mais velho da sua família se dedicou por longos anos a um único tipo de trabalho e emprego. Na minha não foi diferente.

Para ilustrar melhor, de acordo a ferramenta Google's Ngram Viewer, podemos verificar no gráfico a seguir o quanto a relevância de uma "carreira segura" perdeu força nas buscas em livros nas últimas décadas.

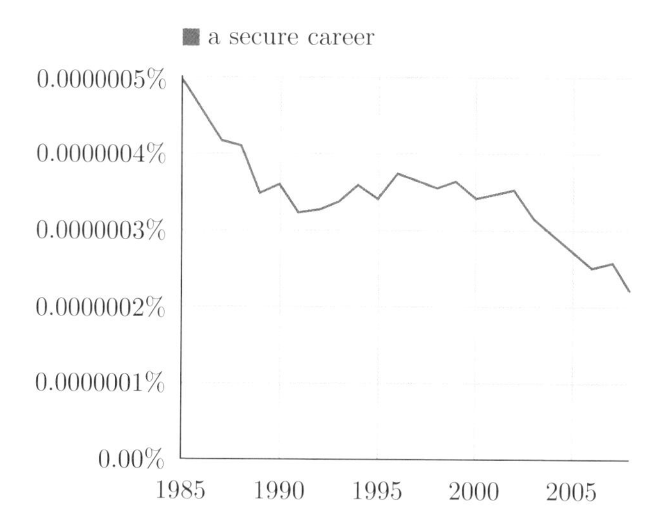

Fonte: artigo "Porque os Jovens da Geração Y estão infelizes".

Esse sentimento da segurança de um emprego estável fazia muito sentido para os filhos de uma economia altamente instável, pós-guerra, polarizada. Talvez você já tenha escutado alguém testemunhar a alta da inflação como algo extremamente sufocante e desesperador, em que em uma mesma semana ou até no mesmo dia os preços de um produto no supermercado eram remarcados duas ou três vezes.

Por outro lado, no gráfico a seguir podemos ver a força que a expressão "carreira realizadora" ganhou ao longo do tempo, demonstrando na prática o que já exaustivamente escutamos sobre a Geração Y: a importância de se realizar e "curtir o trajeto".

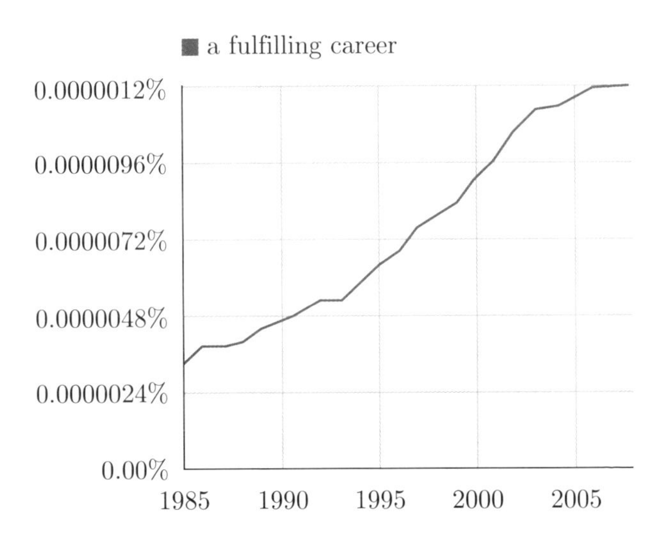

Fonte: artigo "Porque os Jovens da Geração Y estão infelizes".

Vivenciamos uma geração que foi ensinada a acreditar que nasceu com o modelo de felicidade a ser buscado, assim, ter um emprego com atividades que lhe causam "dor ou incômodo" seria simplesmente um desperdício de tempo e vida. Dessa forma, não é incomum observar jovens que não terminam seus projetos e abandonam os empregos e projetos sem maiores justificativas. É normal ver jovens cursando a terceira faculdade e não terminarem nenhuma. O que buscam, afinal?

Nesta era da realização a qualquer custo, pensar em várias carreiras dentro de uma só é muito possível. Em períodos mais curtos, podemos melhor nos adaptar as diversas etapas de nossas vidas. E a cada início de uma nova etapa de carreira, há grandes chances de começar algo do zero ou de simplesmente ter que voltar a ser iniciante.

Vários "estágios" na vida. Por que não?

Um grande exemplo disso é o que aconteceu comigo, o autor que vos escreve: primeiro livro próprio, pouca experiência prévia como coautor de outros dois livros e alguns artigos curtos para o *blog* do meu mentor e amigo, Sidnei Oliveira, no portal Exame.com.

Se estou preocupado com este rótulo de "iniciante" no mundo editorial? De maneira nenhuma. Não sou escritor profissional e não vivo disso. Esta experiência é consequência de outras frentes de trabalho que a complementam e tudo converge para um único e maior propósito, contribuir com os jovens que estão entrando no mercado de trabalho. Estou, sim, em um novo estágio da minha carreira, com muito orgulho e satisfação. Escrever e expor uma parte de minha vivência é algo que faz muito sentido para mim, mesmo que eu tenha que dar mais ênfase aos meus erros e tropeços. Faz parte de um projeto maior, de realização profissional e de uma causa muito clara no meu planejamento de carreira.

Já fui estagiário muitas outras vezes na carreira. Em 2008, decidi que não queria mais trabalhar em multinacionais e pedi demissão da empresa. Nessa hora pude sentir na pele que muitas vezes é mais fácil percebermos o que não queremos do que o que queremos. Sem saber direito para que lado seguir, decidi montar uma estrutura de *home-broker* com meu pai e me arriscar em uma fatia do mercado no qual não tinha experiência alguma: a bolsa de valores. Nada mais justo do que assumir naquela época o cargo de estagiário novamente, muitos anos depois do meu primeiro e oficial estágio na primeira multinacional em que estive.

Diante do quadro de vários caminhos percorridos, com muitas experiências, frustradas ou de sucesso, não parece haver problema que isso aconteça se de fato contribuir para o crescimento pessoal, para um acréscimo de valores e experiências. Até que se fundamente uma posição em que os valores individuais estejam bem aplicados, as capacidades sejam usadas, desafiadas e ampliadas, mudar pode ser o caminho, mas deve ser consciente, com foco e estratégia.

Recomeços? Novos desafios? Pois então que sejam para a construção de um profissional melhor, mais seguro e completo. A realização chega como consequência.

O que aprendi aqui

Equação simples de compreender: jovens em início de carreira são aprendizes. O nome já diz: estão lá para aprender. Geralmente, recebem em seus trabalhos as tarefas mais repetitivas, fáceis de executar e com baixo valor agregado; e isso é muito natural. Algum executivo maluco confiaria uma decisão de milhões de reais a um jovem com pouca estrada e pouca experiência? Claro que não. Se você está em alguma posição para aprender, este é o objetivo, esqueça essa história de realização pelo tempo em que você aprende e absorva experiência.

Uma jovem estagiária de uma grande empresa de cosméticos esteve em meu escritório um dia e, muito aflita, me contou que tomou a decisão de largar o estágio porque não estava sendo incrível como ela esperava e porque ela não se realizava naquelas tarefas.

Primeiro: Quem disse que o estágio tem que ser incrível?

Segundo: Entenda o que é realização profissional para você. Esse termo pode ter significado diferente para nós, para o seu pai e para o seu professor. O ponto principal para um dia buscar a realização é entendê-la e decifrá-la.

Entenda o que é realização profissional para você.

Arrisco dizer que poucas pessoas neste mundo morreram com a sensação de terem encontrado o trabalho de suas vidas, plenos e realizados. Por existir tantas e tantas opções, que surgem e se reinventam a cada dia, provavelmente você não vai encontrar tão cedo a carreira definitiva, aquela que o complete e o satisfaça.

Relaxe. É muito cedo para se preocupar. Sua entrada no mercado não precisa ser incrível; precisa ser consciente e desafiadora.

O Ngram Viewer, do Google Labs, é uma ferramenta que permite ao usuário pesquisar por palavras e ideias dentro de um banco de dados de mais de cinco milhões de livros escritos ao longo dos últimos séculos e que foram digitalizados pelo projeto Google Books.

No gráfico gerado, o eixo X exibe o período em anos enquanto o eixo Y exibe a seguinte informação: de todos os termos contidos na base de dados de livros escritos ao longo daquele ano na língua selecionada, quantos são exatamente o que você procura.

5

Permita-se. Aprenda a perder

Quantos anos da nossa vida serão dedicados à carreira? Quanto tempo das nossas vidas doaremos aos nossos projetos profissionais? Não existe resposta exata, mas o que podemos acreditar atualmente é que muitos indivíduos terão várias carreiras dentro de uma só. Haverá uma coexistência de projetos distintos e que farão sentido para cada estágio de vida, moldados pelo ganho de experiência, pela maturidade e pela vivência de várias realidades.

Em um interessante artigo, o escritor e *expert* em gerações Sidnei Oliveira reforça toda esta teoria, e vai além:

"É impressionante a quantidade de profissionais que atualmente deixam seus empregos em busca de "novos desafios". Muitos abandonam carreiras estruturadas e sedimentadas em troca da emoção do novo, algo que possa trazer de volta um sentimento de expectativa e até de insegurança, como o que esteve presente no início da carreira profissional, quando tudo era novo e muitas vezes representavam uma ameaça à manutenção do emprego."

O que parece estimular essa busca constante por uma trajetória empolgante e com possibilidades de grande reconhecimento são as transformações que a carreira sofreu nos últimos anos. A vida profissional expandiu-se. Já não podemos mais falar de meros 35 anos de carreira, pois, com o aumento da expectativa de vida, percebemos que não só precisamos, mas, também desejamos trabalhar e desenvolver trajetórias mais diversificadas.

Nos atendimentos que realizo em *coaching* de carreira, é normal ver currículos de cinco anos de profissão com sete ou oito passagens em empresas diferentes. Pode ser muito rico ter tantas experiências. Entretanto, a carreira mal planejada e recheada de projetos mal concluídos, inacabados, abandonados e desconexos podem trazer consequências desastrosas – principalmente para quem ainda não delineou uma trajetória consistente e é considerado o "lado mais frágil da corda". É muito comum identificar jovens saltando de emprego em emprego em busca de novos desafios "mal definidos" e com intuito de suprir expectativas frustradas anteriormente.

Sidnei Oliveira adverte ainda que quando esta busca é feita por novatos no mercado, pode ser preocupante:

"Esse fenômeno é muito positivo quando observado em profissionais mais veteranos, pois pode significar a descoberta de uma segunda carreira, trazendo benefícios pessoais e também corporativos, afinal, o conhecimento tácito, adquirido em anos de trabalho, certamente se

transforma em um potencial extremamente produtivo nas novas atividades. Há, entretanto, um lado perverso nesse fenômeno, que é quando essa busca acontece com profissionais novatos. Para eles, os efeitos são bem diferentes e interferem profundamente na sua formação."

Recentemente atendi um caso bastante particular de *coaching* de carreira: tratava-se de um rapaz de 24 anos, de uma família com ótimas condições financeiras e uma ótima formação acadêmica. Advogado pós-graduado, conseguiu a carteira da OAB na primeira tentativa, sempre sonhou em ser juiz de direito.

Com pouquíssimo tempo de carreira, menos de dois anos, esse rapaz decidiu que queria largar completamente o mundo do direito e ir para a medicina, pois alegava não estar realizado; e assim começou a estudar para o vestibular por conta própria.

Abrir a cabeça e rever o foco da vida era necessário.

Extremamente preocupada com essa mudança, a família me procurou para um processo de *coaching*, para que eu o ajudasse gerar algumas reflexões acerca dessa decisão radical e extrema. Abrir a cabeça e rever o foco da vida era necessário.

Ao longo do processo, fui colhendo alguns indícios que me mostravam imaturidade naquela decisão, poucas justificativas plausíveis e convincentes. Mais do que isso, ao ser questionado sobre o porquê de abandonar pelo caminho a busca do sonho de realização, o garoto colocou: "Achei que o caminho para ser juiz seria menos penoso. Não combino e nem me dou bem com os trabalhos que realizei até então".

Não foi necessário muito tempo para diagnosticar aquele desejo pela transição como uma fuga, um cenário para postergar algumas responsabilidades e encarar de frente o mercado de trabalho. Este jovem profissional não se permitiu conhecer a si mesmo e ir a fundo no mundo que havia escolhido com tanta certeza no passado e que oferece centenas de possibilidades diferentes. Ser juiz é apenas uma delas – talvez uma das mais difíceis de alcançar. Poucos chegam lá, e dificilmente atingem tal objetivo sem um trabalho envolvendo reflexão pessoal. Fugir nem sempre é o melhor caminho.

Perder pode ser lindo

O povo brasileiro não sabe e não gosta de perder, é cultural, está no nosso sangue. Temos a terrível mania de eleger culpados por fracassos coletivos, seja no esporte ou até mesmo na política. Até para nossas derrotas individuais acabamos elegendo algum culpado. "Não passei no vestibular por culpa daquele professor de física que me fazia odiar a matéria".

Costumo dizer por aí que uma das derrotas que mais gostei de assistir na vida foi a mais dolorosa para o nosso futebol. O sonoro e totalmente inesperado chocolate de 7x1 que levamos da Alemanha na Copa do Mundo 2014 sediada no Brasil. Como um bom patriota, você deve estar se remoendo por dentro e perguntando: Como assim ele gostou dessa derrota?

Por um lado eu me senti extremamente humilhado e fiquei muito triste. Mas vencer esse sentimento foi relativamente simples: acabei gostando porque acredito ferozmente em trabalho e dedicação. Acredito em competência e disciplina. Acredito que o planejamento e a vontade geram resultado. E foi o que a Alemanha fez: mostrou para o mundo que a nossa ginga não ganha campeonato mundial. Pode, sim, ganhar um jogo ou outro. Mas não leva ao topo.

E foi o texto a seguir, de autor desconhecido que fez a ficha de muitos cair:

"Isso representa mais que um simples jogo! Representa a vitória da competência sobre a malandragem! Serve de exemplo para gerações de crianças que saberão que para vencer na vida tem que ralar, treinar, estudar! Acabar com essa história de jeitinho malandro do brasileiro, que ganha jogo com seu gingado, ganha dinheiro sem ser suado, vira presidente sem ter estudado! O grande legado desta copa é o exemplo para gerações do futuro! Que um país é feito por uma população honesta, trabalhadora, e não por uma população transformada em parasita por um governo que nos ensina a receber o alimento na boca e não a lutar para obtê-lo! A Alemanha ganha com maestria e merecimento! Que nos sirva de lição! Pátria amada Brasil tem que ser amada todos os dias, no nosso trabalho, no nosso estudo, na nossa honestidade! Amar a pátria em um jogo de futebol e no outro dia roubar o país num ato de corrupção, seja ele qual for, furando uma fila, sonegando impostos, matando, roubando! Que amor à pátria é este? Já chega! O Brasil

cansou de ser traído por seu próprio povo! Que sirva de lição para que nos agigantemos para construirmos um país melhor! Educar nossos filhos para uma geração de vergonha! Uma verdadeira nação que se orgulha de seu povo, e não só de seu futebol."

Forte o trecho, não? Pois é, no Brasil o fracasso é uma palavra dura e pesada, pois representa incapacidade, incompetência, que algo deu muito errado: "Ciclano fracassou". Isso gera medo e, quando você tem medo de tentar algo, pois não quer fracassar, você entra num estado defensivo e não parte facilmente para novas oportunidades.

Nos Estados Unidos ou na Europa, por exemplo, é muito comum compartilhar os fracassos com os outros, e tirar lições a partir daí. As pessoas contam os fracassos como se fossem glórias. E de fato são, afinal, eles arriscaram e tentaram. Esta é a glória: a simples tentativa que separa os que sonharam dos que fizeram.

As principais escolas de empreendedorismo do mundo exploram as falhas e o insucesso de forma exaustiva. Algumas pesquisas mostram que muitos empresários de sucesso falharam ao mínimo duas vezes antes de triunfar. E falhar no empreendedorismo é sinônimo de falir, de quebrar uma empresa.

Meu amigo e parceiro Murilo Gun que triunfou com o vídeo do estagiário e comenta neste livro que já fracassou cinco vezes antes de atingir o sucesso que desfruta atualmente. Hoje ele também é palestrante, contando mundo afora os seus casos que nenhum empreendedor comum se orgulharia de contar.

"Fracassar não é sempre um mau negócio. Perder dinheiro por um fracasso mal administrado, sim."

Após fechar cinco empresas, Murilo Gun tornou-se humorista e hoje dá palestras em corporações. Sua própria experiência em negócios tornou-se inspiração.

"No lugar de falar tudo que deu certo, decidi falar tudo que deu errado. O fracasso no Brasil é desvalorizado. No Vale do Silício quem fracassa é valorizado porque persistiu",[1] destaca o humorista.

O que aprendi aqui

Você não é super-herói. Enquanto houver sangue correndo nas suas veias e um coração batendo, você está suscetível ao erro. Enquanto não aprendermos a perder, seremos eternos perdedores. O fato é: você vai errar muito na vida, mas antes de se arriscar num mar revolto chamado mercado de trabalho, conhecer as aptidões e preferências pode ajudar muito e economizar um tempo precioso! E essa é uma das razões de este livro existir: fazer você ganhar tempo ou deixar de perdê-lo com atitudes e decisões precipitadas.

O fato é: você vai errar muito na vida, mas antes de se arriscar num mar revolto chamado mercado de trabalho, conhecer as aptidões e preferências pode ajudar muito e economizar um tempo precioso!

1 Fonte:http://economia.ig.com.br/financas/seunegocio/2014-03-23/empresario-que-ja-fracassou-5-vezes-da-dicas-de-como-falir.html.

Permita-se acertar e errar, testar as possibilidades. Nada é eterno ou definitivo. É necessário ressaltar que dificilmente vamos encontrar realização na profissão nos primeiros anos no mercado. Invariavelmente entramos como novatos e realizamos tarefas de novatos, congruentes com o nível de maturidade. Tarefas designadas para estagiários e para quem está começando na carreira tendem a não ter valor agregado, talvez sejam repetitivas e operacionais e possivelmente chatas. Como encontrar realização dessa forma? Como decidir sobre toda uma carreira com base em um ou dois anos de experimentação? É muito pouco ou quase nada. Permita-se chegar ao próximo nível e conquiste algo melhor do que tem hoje. Conquistar é dar o sangue, vem com o suor. Não com jeitinho, malandragem e atalhos.

6

Venenos sociais: seu maior inimigo

A matemática é muito simples: quando a realidade da vida de alguém está melhor do que essa pessoa estava esperando, ela está feliz. Quando a realidade é pior do que as expectativas, essa pessoa está infeliz.

Está aí uma das palavras que mais pronuncio em minhas sessões de *coaching*: expectativas. Quando mal gerenciadas, podem se tornar o grande inimigo de uma geração. Expectativas elevadas sobre uma vida perfeita, plena e incrível podem acabar com sonhos e estagnar futuros promissores. Isso também é justificado pelas redes sociais que criam um cenário em que:

- tudo o que se faz (ou quase tudo) pode se tornar público e de acesso geral;
- ninguém posta coisa errada ou momentos ruins. A maioria das pessoas mostra uma versão bem melhorada de si mesma e de sua vida;
- é possível ser o que quiser, postar o que bem entender – manipular informações e imagens é mais comum do que se pensa;

- ter uma identidade virtual virou uma necessidade – as pessoas competem por números de seguidores e *likes*.

Recentemente um artigo na internet ganhou bastante relevância pois retratava de maneira lúdica a forma como uma personagem fictícia (Ana) era infeliz. Pertecente à Geração Y, Ana fazia uma leitura equivocada da vida e acreditava que a vida de todas as outras pessoas estava indo super bem, mas a sua era sempre um tormento.

Caramba, como tudo isso soa familiar! Às vezes, tenho a sensação de que a Ana e seus amigos me visitam todas as semanas no escritório. Triste dizer isso, mas é o que mais recebo: jovens supostamente infelizes com suas vidas. Jovens que possuem tudo, mas não conseguem extrair nada.

E de onde vem esse tormento todo? Qual a raiz de tanta frustração e agonia?

Para responder/entender a questão toda, chega a hora de apresentar a segunda palavra que mais pronuncio nos meus atendimentos com jovens: conquista.

Estamos falando para uma geração que traz ao mesmo tempo expectativas altíssimas sobre a vida e a carreira, sedenta por grandes e intensas emoções, mas que está menos apta e disposta a conquistar tudo isso que idealiza. Essa geração simplesmente acha que nasceu com o direito de ter tudo de mão beijada.

Sendo mais diretos e precisos: o título deste capítulo – Venenos sociais – não é à toa. Na posição de especialista, considero este ponto como o mais importante do livro, por ser o epicentro gerador das maiores travas ao progresso de uma carreira. Consiste na pedra no caminho da evolução, por trazer principalmente:

- ansiedade;
- depressão;
- superficialidade.

Tudo isso ficou bem claro nos últimos tempos. E não se trata de uma opinião pessoal. Muitas publicações e matérias sobre o comportamento dos jovens dessa atual geração proliferam por aí. Provavelmente se você perguntar para alguém bem mais velho que você o que ele já leu sobre este assunto, irá ouvir: "São conectados, narcisistas, preguiçosos, alienados e ansiosos!" Nossa, mas o que mais de ruim no mundo poderia estar listado nessas afirmações? São definições fortes. E é exatamente assim que esses jovens, em sua grande maioria, são encarados e recebidos, principalmente pelos gestores nas empresas. Esse comportamento desencadeia um preconceito – até que provem o contrário. Mas para provar o contrário, existe uma variável importante: o tempo para conquistar competências. E tempo é dinheiro, já dizia algum avô por aí.

Errado! ☹

Para os jovens, tempo é igual à rede social! É lá que a maioria do tempo ocioso é investido, compartilhado e bisbilhotado. Volte um pouco em nossa reflexão e repare como cada um dos "rótulos" apresentados possui uma forte ligação com as redes sociais:

- **Conectados:** Ok, não largamos o *smartphone* (me incluo nessa).

- **Narcisistas:** Não preciso nem dizer muito. A palavra *selfie*, que designa fotos que pessoas tiram delas mesmas com celulares ou *webcam*, foi escolhida como a palavra do ano de 2013 do idioma inglês pelo dicionário Oxford; de quebra ainda ganhou espaço na versão *online* do mesmo. Sem falar na nova moda do verão 2015, o famoso "pau de selfie".

- **Preguiçosos:** Também posso ser curto e direto. Geração Google: cresceram ganhando muito dos pais e de quebra dependem da internet para realizar praticamente todas as tarefas, são menos criativos e menos hábeis manualmente do que as gerações anteriores, não tiveram as necessidades que impulsionam o ser humano na busca, no desejo de dar mais um passo. Tudo está a um click. Ou quase tudo.

- **Alienados:** Pergunte para seu melhor amigo de classe o que ele pensa sobre o contexto econômico e político brasileiro. Provavelmente você não terá uma resposta muito elaborada. Salvo se o seu amigo é muito, mas muito interessado nesse assunto, a explicação virá moldada pela notícia de algum telejornal ouvido de passagem, entre uma atividade e outra, entre uma novela e outra.

- **Ansiosos:** Aqui eu gostaria de investir um pouco mais de tempo e palavras. Primeiro para colocar que ansiedade e depressão não são quadros opostos, ambos possuem sintomas em comum e podem aparecer na mesma pessoa. Primeiro, seria necessário contextualizar o que é ansiedade. De acordo com a psicóloga Priscila Gasparini, "é um sentimento que causa desconforto, uma apreensão desagradável que pode surgir frente a um perigo real ou imaginário. Esse sentimento prepara o indivíduo para uma situação potencialmente danosa, como punições, privações ou ameaças físicas ou morais. A ansiedade impulsiona a pessoa a resolver a situação, aumentando o grau de vigília e sua capacidade de ação, é natural do ser humano e adaptativo, necessário para a autopreservação".

A ansiedade, porém, pode se tornar patológica, quando passa a atrapalhar o indivíduo, ou seja, quando traz prejuízo ao desenvolvimento e progresso da pessoa. E isso é muito mais normal do que se imagina.

Já a depressão é um distúrbio ligado à emoção e com uma complexidade maior. Pode levar ao isolamento, profunda tristeza e até ao suicídio. Podemos observar que há muitos sintomas similares entre a depressão e a ansiedade – por exemplo, os medos, a dificuldade de concentração, a insegurança, a irritabilidade, entre outros.

Mas "peraí"! As redes sociais podem gerar todos esses sintomas?

Se a sua resposta foi sim, você entendeu agora o porquê de este capítulo chamar "venenos sociais" e está pronto para ir para o próximo capítulo. Caso ainda não tenha ficado convencido, leia um pouco sobre a síndrome do pensamento acelerado no próximo item.

Síndrome do Pensamento Acelerado (SPA)

Considerada por especialistas como uma síndrome ou sintoma dos tempos modernos, estima-se que atinge um a cada quatro paulistanos. Verificada com mais frequência em grandes centros urbanos, a SPA assusta boa parte dos terapeutas que conheço e é associada a quadros de transtorno de ansiedade.

Intimamente relacionada com o excesso de tecnologia e acessibilidade em nossas vidas, a SPA é a vilã que tira a nossa capacidade de relaxar a mente, de esvaziar os pensamentos e reciclar nossa linha de raciocínio.

Alguns profissionais são mais vulneráveis, geralmente aqueles que são avaliados constantemente por conta das suas obrigações. Bons exemplos são executivos, jornalistas, publicitários, profissionais da saúde, ou seja, pessoas que não podem desligar um minuto sequer pois o trabalho pode ser comprometido.

Como resultado, quem não consegue desacelerar o seu pensamento normalmente sente um severo esgotamento mental, acompanhado de cansaço físico causado pelo sono comprometido e de baixa qualidade. Para completar, vem o sentimento persistente de apreensão, falta de memória, déficit de atenção, irritabilidade e sono alterado.

Aqui vão algumas perguntas-chave:

- Quanto tempo você consegue ficar sem olhar para o seu celular e conferir as novas notificações?
- Qual a primeira coisa que faz quando acorda e a última antes de dormir?
- Qual o seu sentimento quando a bateria do seu celular está para acabar no meio do dia?
- Já teve a sensação de estar sendo esmagado pela rotina?
- Sente cansaço frequente mesmo após dormir longas horas?
- Seu humor oscila frequentemente?

Se as suas respostas foram parecidas com estas a seguir, é hora de procurar um especialista e procurar relaxar a sua mente:

- Menos de 30 minutos.
- Conferir o celular.
- Desespero.
- Sempre.
- Sim.
- Sim.

O que aprendi aqui

Snapchats, pesquisas no Google, grupos no Whatsapp, atualizar o Twitter e postar fotos no Facebook não são tão inocentes como parecem. Podem gerar dependência tecnológica que, em alguns casos, resultam em tratamento psicológico. Entre os principais problemas, está a perda de controle da administração do próprio tempo e doenças relacionadas ao isolamento, o que têm aumentado a demanda nos consultórios.

A depressão e a ansiedade não acontecem apenas na casa do vizinho. São muito mais frequentes do que se imagina, principalmente em jovens hiperconectados e escravos da tecnologia. A venda de remédios e antidepressivos aumenta a cada dia, revelam os laboratórios farmacêuticos.

As redes sociais são importantes para nossas vidas e, se bem utilizadas, podem trazer benefícios fantásticos para a carreira e a vida pessoal; mas também podem trazer o isolamento e alguns sintomas perigosos para a saúde mental.

A palavra-chave é equilíbrio, e as 24 horas do dia são suficientes para cumprir tudo que você carrega de obrigações nesta idade. Coloque regras para sua vida, estabeleça um limite de uso para você mesmo e não caia nessa armadilha. Você escolhe se quer adoecer.

"O dinheiro compra bajuladores, mas não amigos; compra a cama, mas não o sono; compra todo e

qualquer tipo de produto, mas não uma mente livre; compra seguros, mas não o seguro emocional. Numa existência brevíssima e complexa como a nossa, conquistar uma mente livre e ter seguro emocional faz toda a diferença...”

Dr. Augusto Cury

7

Você é o que você posta

Onde você estava há exatamente três anos? Não lembra? O ano de 2012 ficou muito longe na sua memória?

Pode ser que internet o ajude a lembrar. Exatamente, a internet! Talvez você não saiba, mas independentemente de uma foto ou mensagem estar ou não atualmente "disponível" no seu mural ou *timeline*, ela pode estar registrada em uma "memória" virtual, sobre a qual você não possui controle algum. Descobri isso quando fiz o primeiro site da empresa (Ycoach) e utilizei um logotipo de modelo antigo, que não usamos mais. Mesmo com o fato de esse site ter ficado no ar por muito pouco tempo, o logotipo utilizado e as imagens relacionadas a ele ficaram no ar por um grande período e não havia maneira de apagar – o que me incomodou bastante.

Agora que já está sabendo da existência dessa memória virtual, pergunto: Qual é a imagem que você deseja expressar para o mundo nesse exato momento? Será que é a mesma de três ou cinco anos atrás? Pois é aí que mora o perigo: estamos constantemente mudando de planos na vida, de prioridades. Amadurecemos, crescemos... mas pode ser que, se alguém der um Google no seu nome neste exato momento, encontre uma "outra" pessoa, uma outra imagem sua da qual talvez nem você mesmo se lembre bem. Coisas de um passado não tão distante...

Mas o que tudo isso tem a ver com "imagem pessoal", afinal? E como isso pode ajudar ou atrapalhar na carreira ou na vida? Imagem pessoal é a marca que você deixa nas pessoas, como será lembrado pelos outros – positiva ou negativamente. Mas quem são "outros"? "Outros" pode significar algo muito maior do que se imagina: não apenas seus colegas de escola ou do bairro em que mora; pode ser do tamanho do MUNDO. É um grande desafio falar de construção de imagem pessoal nesta época em que vivemos, quando informações de qualquer tipo se espalham na velocidade da luz e ganham proporções inimagináveis – o que é muito preocupante. Exemplos negativos não param de proliferar.

Recentemente, acompanhei o caso de uma jovem garota de Goiânia que virou caso de polícia. Um vídeo contendo cenas em momentos íntimos com seu namorado viralizou por meio de uma conhecida ferramenta de mensagens instantâneas usada em *smartphones* – talvez você tenha recebido o vídeo, assim como outros tantos.

Informações sobre o caso mostravam que, após o escândalo, a garota largou a faculdade que cursava e também o seu emprego de vendedora em uma loja de roupas em sua cidade. Em uma entrevista em um grande canal de televisão, contava sem se identificar, como seu futuro tinha sido ameaçado e seu presente tinha sido destruído. Perdeu o mais importante: sua liberdade de ir e vir, sua reputação.

O crime cometido pelo rapaz é caracterizado como difamação com base na Lei Maria da Penha, porque existiu uma relação de afeto entre vítima e autor. Se for condenado, o rapaz suspeito pode ser preso. Mas o objetivo aqui não é analisar o certo ou errado sobre o caso nem julgar ninguém. É, sim, analisar o contexto geral da situação, em que o futuro de dois jovens está em jogo.

Como pensar em carreira e profissão depois de um caso desses, com proporção nacional?

Como pensar e agir, sabendo que há outras vidas que serão drasticamente afetadas por casos de descuido e inocência como esse? Quantos outros anônimos no mundo deixaram de concretizar o planejado futuro por conta de excessos e tecnologia mal aplicada em nossas vidas?

Meu objetivo neste capítulo é trazer à tona a questão de quão perigoso pode ser tornar um simples *smartphone* em uma arma; em que o simples comando "enviar" pode se tornar um gatilho com consequências avassaladoras em vidas despreocupadas. Ainda não fui convincente?

Leia o trecho de um recente caso a seguir:

"A mãe da garota Júlia Rebeca, de 17 anos, encontrada morta em seu quarto após ter um vídeo íntimo

compartilhado na internet, diz que a exposição das imagens da filha configura uma "violação". Em entrevista a um conhecido programa por telefone, Ivânia Salia diz que não sabia o que estava acontecendo com a filha. "Ela não demonstrou nada, nada. Todo adolescente tem o direito de ser adolescente. Eles são inconsequentes mesmo. Essa exposição toda, do vídeo, da imagem da minha filha, é uma violação."[1]

Ainda acha que o efeito de um vídeo não pode ser comparado ao de um disparo por arma de fogo? As consequências podem, sim, ser tão trágicas quanto. As consequências de uma superexposição como esta podem ser devastadoras.

Seu passado o condena – construa um novo futuro digital!

Você provavelmente já deve ter lido ou escutado algo parecido com isso: "Perfil nas redes sociais influencia avaliação profissional. As redes sociais podem ser um atalho para uma vaga no mercado de trabalho, mas é preciso cuidado com o que se publica".

Uma pesquisa feita por uma das maiores consultorias de recrutamento de pessoal do mundo, com 210 executivos brasileiros, mostrou que 83% deles acreditam que o perfil dos candidatos nas redes sociais

---

[1] Fonte: http://g1.globo.com/pi/piaui/noticia/2013/11/mae-de-jovem-achada-morta-apos-video-intimo-reclama-de-violacao.html

influencia na hora de fazer uma avaliação do profissional. Ao todo, 44% dos entrevistados disseram que um perfil negativo pode ser suficiente para desclassificar um candidato em fase de seleção. Apenas 39% dos executivos disseram que conversariam com um candidato mesmo se ele tivesse um perfil considerado ruim na internet.[2]

Por mais que isso seja cada vez mais falado, exposto em escolas, seja assunto de palestras e fontes diversas, tenho ficado muito impressionado com o que aparece por aí. A tal necessidade de ser especial, parecer diferente, ser popular leva os jovens a cometerem diariamente equívocos e atrocidades contra a própria imagem pessoal.

Jovem leitor, se você está lendo este livro por estar preocupado com sua carreira, demonstrou desejo de crescer com opiniões e experiências, está na hora de amadurecer em todos os sentidos – inclusive no sentido de construção de sua imagem virtual. Cuidado!

Que tal adotar uma nova atitude daqui para frente? Que tal ser alguém que compartilha fatos bacanas, histórias construtivas, que podem ajudar outras pessoas a serem melhores e ainda trabalhar a seu favor, elaborando a construção da sua imagem? Mude. Não seja mais um a compartilhar lixo virtual, o mundo precisa de leveza, de mais sorrisos e mensagens positivas. Pessoas conscientes do planeta e dos problemas,

---

[2] Fonte: http://g1.globo.com/bom-dia-brasil/noticia/2011/09/perfil-nas-redes-sociais-influencia-avaliacao-profissional-diz-pesquisa.html

pessoas que prestam atenção ao seu redor, que procuram entender onde pode estar a brecha para serem úteis, que fogem do lugar comum... nesse grupo cabe você. Entre nele!

A corda sempre se rompe para o lado mais fraco?

Não. Gente grande também está caindo. A corda rompe para todos os lados.

Algo que poucos sabem – e que sempre procuro mostrar nas palestras e encontros com jovens – é o número de demissões que vemos frequentemente em decorrência de atitudes impensadas e imaturidade na internet e principalmente nas redes sociais.

Um dos casos mais conhecidos e amplamente noticiados é o de um alto executivo de uma empresa de tecnologia, que foi demitido por manifestar sua paixão por um time de futebol no Twitter. Acontece que a empresa em que trabalhava o executivo era, na época, um dos principais patrocinadores do time adversário ao seu naquele dia. Inocentemente o executivo foi demitido por justa causa. Posteriormente, o executivo foi recontratado pela empresa e pediu desculpas publicamente.

O que precisa ficar claro aqui é que, independentemente da sua posição ou importância dentro de uma organização, o lado humano é sempre o lado mais fraco da história. Imagine que, se a coisa pode acabar mal assim com um profissional de alto gabarito, com um estagiário ou iniciante em qualquer carreira pode ser pior. Não haverá retorno.

Nas desculpas do executivo, ele coloca o fato de o "torcedor ter tomado conta do profissional", ou seja, a emoção falou mais alto.

Leve esta lição em três regras básicas para a vida real e também a virtual:

- Não prometa (nem poste) nada quando estiver feliz.
- Não responda (nem poste) nada quando estiver irritado.
- Não decida (nem poste) nada quando estiver triste.

Para concluir este capítulo, quero citar uma análise muito bacana feita por uma psicóloga sobre o aplicativo LULU, que foi amplamente discutido e tomou grande proporção no ano passado. Para Gisele Meter, a vida virtual traz algumas vezes a falsa sensação de anonimato, de podermos usar um escudo, pois não estamos em carne e osso na frente de outras pessoas.

"Quando nos escondemos sob o escudo do anonimato, podemos revelar o lado mais sombrio de nossa personalidade, deixando-nos dominar por sentimentos de raiva, vingança, inveja e até mesmo cobiça, lembrando que homens comprometidos também podem ser avaliados. O anonimato traz consigo a

O anonimato traz consigo a falta de compromisso e responsabilidade, premissas fundamentais para um comportamento ético e consciente.

falta de compromisso e responsabilidade, premissas fundamentais para um comportamento ético e consciente."[3]

Pense muito nisto: comportamento digital também está associado à ética e responsabilidade.

O que aprendi aqui

Grandes marcas consolidadas do mercado queimaram o filme com deslizes e tropeços que poderiam ser evitados. Na vida real é a mesma coisa, a sua marca e imagem pessoal são únicas e você precisa cuidar (como gente grande) para mantê-las brilhando e sem arranhões. Este gerenciamento não pode ser terceirizado, é seu, sua responsabilidade, seu RG e CPF.

O ser humano constrói seus pensamentos a partir do montante de informações arquivados em sua memória. Mas também julga com base em um montante de informações arquivados em um lugar que você pode ter dificuldade de acessar ou apagar.

Nunca se esqueça: você é o que você posta.

[3] Fonte: http://networking.com.vc/artigos/por-que-aplicativos-como-o-lulu-fazem-tanto-sucesso

8

Deixe de ser vítima!

"Estou cheio de problema na minha vida, e isso afeta o início da minha carreira. Para começar não consigo me entender com meus pais; as conversas sempre viram briga e o clima fica pesado em casa. Eles não me entendem e estão me pressionando para eu trabalhar logo! Até com a minha irmã, que sempre foi a minha melhor amiga, a coisa ficou ruim. Ela entra nas brigas também e fica do lado dos meus pais pois acha que sou preguiçoso.

Estou indo para o terceiro ano na faculdade e não consigo emprego! Ouço falar por todos os lados que as empresas estão contratando cada vez menos estagiários e isso me desanima demais. E, aí, um monte de gente fala que o Brasil está entrando em uma crise e perco totalmente a esperança. Só de chegar na faculdade, eu já desanimo, demoro mais de uma hora para ir e para voltar todos os dias, tudo parado sempre, que estresse!

Parece que o mundo está contra mim, nada dá certo. Meus amigos estão todos trabalhando, deram muita sorte. Só me ferro na vida!"

Verdade seja dita: vivemos em um momento hostil e incerto: instabilidades políticas; indícios de uma economia fragilizada; violência urbana; trânsito caótico nos grandes centros. Adicione a esse contexto um mercado de trabalho competitivo, frio e que demanda muito equilíbrio emocional. Temperando essa mistura com o que encontramos nas redes sociais, recheadas de exageros, superficialidade e fotos de um mundo irreal onde todos são perfeitos, (verdadeiros contos de fadas em que tudo é aparentemente fácil e gostoso de ser vivido) – o que temos?

Parece ser realmente uma situação real: estamos cheios de "problemas" para serem administrados e considerados diariamente em nossas vidas. Sim, bem-vindo à vida adulta. Como disse Içami Tiba, "não existe vida sem problemas, a felicidade está na capacidade de resolvê-los".

Vamos partir para uma análise rápida: essa hostilidade encontrada nas ruas e que parece fazer parte das nossas vidas (e também da vida do nosso personagem fictício) pode e deve ser encarada de outra forma. Como? Transformando-se a própria postura, mudando o ponto de vista.

Perceba no discurso daquele estudante queixoso como a culpa sobre a sua situação atual é "terceirizada" para problemas externos, ele não se coloca como uma pessoa que pode controlar ou administrar o que lhe acontece. Ora a culpa é do mercado de trabalho, ora é do trânsito.

A mente humana é fértil e poderosa, pode se tornar grande aliada dos nossos sonhos ou inimiga feroz da nossa trajetória. Equilibrar os pensamentos e a forma como administramos fatores externos pode fazer grande diferença. Alguns não podem ser evitados, mas podem, sim, ser filtrados nas nossas vidas.

A mentalidade de vítima é autodestrutiva e contribui para pensamentos negativos, desculpas para todo e qualquer evento e atitudes autoderrotistas – em sua maioria inconscientes. Faz com que pense que não pode e/ou não consegue fazer as mudanças na sua vida, acaba acreditando que deseja mudar por causa dos outros, por razões do mundo. Para pessoas com esta mentalidade, a vida é injusta, sempre existindo justificativas para o "não ser bem-sucedido" e explicações do "porque a sorte nunca me bate à porta, prejudicando todas as demais áreas da minha vida". Isso sem mencionar que até a postura corporal vai assumir aqueles traços de pessoa derrotada, de ombros caídos, riso frouxo, olhar abatido.

O que realmente preocupa é o número de jovens que vejo "contaminados" com ingredientes dispensáveis em suas vidas, fatos e passos que não lhes dizem respeito, que não deveriam lhes fazer sofrer.

Esses fatores externos, de certa forma, não são controláveis, mas atrapalham, e muito, o lado emocional, a carreira, o destino. Administrar a vida não é fácil; é uma tarefa das mais difíceis de se aprender ao longo de uma história.

Testando...

Encare a si mesmo com muita honestidade, com a mente bem aberta. Será que está sofrendo de uma mentalidade de vítima?

Analise fria e calmamente, foque sobre os seus hábitos diários e sobre a forma como conduz os pensamentos. Agora, pergunte a si mesmo se, quando as coisas não dão certo, costuma encontrar respostas para as cinco perguntas a seguir:

- Por que eu não tenho tempo para fazer tudo?
- Por que não tenho sorte na vida?
- Por que nunca consigo o que mereço?
- Por que as outras pessoas têm tudo, e eu não?
- Como pode alguém dizer que tudo isso é culpa minha?

Existe apenas uma resposta correta para todas essas perguntas, e provavelmente você não pensou nela. A resposta correta é: "Eu devo assumir a responsabilidade por causar a maioria dos meus próprios problemas. É comigo a coisa".

Se essas perguntas passam na sua cabeça com frequência, e você nunca se responsabiliza, muito provavelmente sofre de mentalidade de vítima. E precisa mudar esse jogo.

Assuma o controle!

Tirar carta de motorista, escolher em quem votar, escolher uma profissão, entrar em uma faculdade – eis alguns poucos exemplos de decisões e atitudes que não podem ser terceirizadas. Tudo isso faz parte da entrada na vida adulta, é esperado que tenhamos maturidade para assumir responsabilidades maiores.

Quando estava na sua infância, não era isso que você queria? É o que você tem! Chegou a sua hora! Mas assuma as (outras) responsabilidades decorrentes e o controle sobre sua vida, mesmo que pareça algo muito difícil ou impossível.

Uma verdade que deve encarar é a de sua situação atual ser de total responsabilidade sua. Foi você mesmo quem conquistou seu próprio êxito ou que cavou seu próprio buraco. Chegou até aqui! Agora também é apenas você quem pode mudar a situação.

Infelizmente, são poucos os jovens que realmente assumem essa responsabilidade. Isso acontece porque o papel de vítima é muito mais confortável. Manter-se como filhos acomodados também.

Assumir as rédeas de nossas vidas parece extremamente desafiador, mas é algo que traz muita satisfação e crescimento. Quando fomos criados, independentemente de crença ou religião, ganhamos uma capacidade incrível e intransferível: a de podermos escolher por qual caminho trilhar. O arbítrio é livre, a colheita é previsível. As pessoas que fazem a diferença criam sua própria vida e a conduzem com consciência, as medianas esperam que as coisas aconteçam. Sendo você empreendedor ou alguém que trabalha para os outros, pense sempre em um estágio maior, mire o próximo passo. Lembre-se de que grandes homens foram empregados até se tornarem donos de grandes negócios, outros começaram com negócios pequenos até construírem um império; mas todos que atingiram o sucesso assumiram o controle de suas vidas.

Ficar na zona de conforto e viver de receber atenção de outros é algo que pode paralisar muita gente e destruir muitos sonhos. Em vez de assumir a responsabilidade por tudo o que acontece na sua própria vida, você acaba estagnado com a ideia do "pobre de mim", congelado em um padrão de sugador.

Assumir o controle é simples! Comece por parar de reclamar – as pessoas bem-sucedidas investem o tempo buscando soluções para seus problemas; as pessoas mal-sucedidas gastam energia e perdem o tempo apenas queixando-se de seus problemas.

O principal passo para abandonar o papel de vítima é a decisão de mudar o jogo. Você realmente quer isso? Então, comprometa-se a levar a vida em vez de ser levado por ela. Comece a trabalhar efetivamente para que isso aconteça agora. Vire a mesa! Como?

Pare de culpar os outros e assuma que a responsabilidade é toda sua.

- Pare de culpar os outros e assuma que a responsabilidade é toda sua.
- Dê um fim às desculpas esfarrapadas.
- Corte de vez as reclamações e o famoso mimimi.

O que aprendi aqui

Vítimas serão sempre vítimas do mundo. Desejamos muito tirar carta de motorista, entrar em uma universidade e carimbar o passaporte para o mundo adulto. Parte desse processo inicia-se abandonando de uma vez por todas as posturas de vítima. O conformismo é carcereiro da liberdade e inimigo do crescimento.

Quanto mais responsabilidades assumimos, mais problemas surgem; faz parte do crescimento aprender a administrá-los. Se você ainda não conquistou alguma coisa na vida, é porque ainda não merece ou não chegou a hora. E tudo tem sua hora.

Ninguém melhor que Fernando Pessoa para fechar com chave de ouro este assunto.

"Ser feliz é deixar de ser vítima dos problemas e se tornar um autor da própria história. É saber falar de si mesmo. É não ter medo dos próprios sentimentos."

9

Vá lá e faça!

"Vai na fé, vai a pé, vai do jeito que der.
Vai até onde puder, vai atrás do que tu quer.
Vai andando, vai seguindo, vai pensando, vai sentindo.
Vai amando, vai sorrindo, vai cantando, vai curtindo.
Vai plantando e vai colhendo, vai lutando pela paz.
Vai dançando no ritmo que o tempo faz.
Vai de peito aberto.
Vai dar certo.
Confiante que o distante num instante fica perto."

Gabriel o Pensador – Sem parar

Eduardo Lyra, 26 anos, nasceu numa favela em Guarulhos, SP. Tinha tudo para ser vítima e viver o que o seu contexto o reservava. Inspirado por sua mãe, tornou-se jornalista, escritor, palestrante e empreendedor social. Foi considerado repórter revelação pelo Instituto Itaú Cultural. Entrou para a lista da revista Forbes Brasil como um dos 30 jovens "prodígios" brasileiros com menos de 30 anos. Faz parte do Global Shapers, time de jovens líderes do Fórum

Econômico Mundial, que possuem potencial para mudar o mundo. Fundou o Instituto Gerando Falcões que, em dois anos, inspirou mais de 200 mil jovens de periferia a serem agentes de mudança utilizando o *skate*, a literatura, o *hip hop*, a dança de rua e palestras de alto impacto. No último semestre de 2013, transformou 30 jovens em escritores e Mcs moradores da Zona Leste de São Paulo, em Poá e Itaquaquecetuba. Fomentou o empreendedorismo na comunidade e construiu, numa ação participativa, um cinema comunitário e uma rádio, além da formação de comunicadores juvenis que têm alterado suas vidas e se tornado protagonistas de histórias inspiradoras.

"O Eduardo Lyra é uma espécie de jovem jornalista que não se conforma em somente alcançar os seus objetivos pessoais e profissionais. Ele é do tipo que tem uma chama acesa dentro de si que arde 24 horas por dia e sete dias por semana em favor da mudança do mundo. Esta chama o impulsiona com uma força e convicção imbatíveis, a sair pelo mundo afora para contar a todos algo muito valioso que ele mesmo, em meio a muitas dificuldades e por experiência própria descobriu: Todos são capazes de realizar coisas grandiosas na vida."

Todos são capazes de realizar coisas grandiosas na vida.

Flávio Augusto da Silva[1]

[1] Presidente do Ometz Group e criador do Instituto Geração de Valor.

Talvez você já conheça a história do Eduardo Lyra. Eu não conhecia, e no momento da minha carreira em que decidi me dedicar ao desenvolvimento humano e estudar o comportamento das pessoas, precisava ouvir histórias de todo tipo: do sucesso ao fracasso. Dos que construíram impérios a partir de poucas possibilidades aos que largaram tudo para viver uma vida simples e pacata na praia ou na montanha. Foi aí que percebi que um ingrediente fundamental é sempre recorrente em cada história digna de ser compartilhada em uma palestra, reportagem ou em um simples diálogo com um jovem em busca de mentoria: a atitude.

A história do Edu (como a maioria o chama) é um caso prático e recente que ilustra o que queremos dizer com essa palavra mágica e que tem o poder de transformação. Poucos sabem é o que havia por trás da vida desse rapaz: vizinho de um traficante e com todas as influências possíveis para ir para a vida do crime, Edu resolveu fazer a diferença e remar contra todas as apostas do mundo do crime.

Vamos ver agora a história do criador da marca de óculos e acessórios, Chilli Beans, e traçar alguns paralelos importantes. Com certeza você já se deparou com essa marca jovem e descolada por aí, mas poucos sabem de onde ela surgiu e quais atitudes foram necessárias para torná-la realidade.

"A Chilli Beans iniciou suas atividades em 1997, sob o comando do empresário Caito Maia que abriu um pequeno estande no Mercado Mundo Mix – feira de moda voltada para o público jovem –, em São Paulo, comercializando óculos de sol com *design* focado nas tendências *fashion*. Chamou a atenção pela oferta de produtos modernos e de qualidade, com preços acessíveis.

No mesmo ano, inaugurou sua primeira loja na Galeria Ouro Fino, transformando o lugar em uma das principais referências de consumo e comportamento jovem do país. Em outubro de 2000, inaugurou seu primeiro quiosque no shopping Villa-Lobos (SP) dando início a um vertiginoso processo de expansão por meio do sistema de franquia.

No cenário internacional, a Chilli Beans está presente desde 2005, com pontos em Lisboa (Portugal) e, em junho de 2006, entrou em território americano, inaugurando sua primeira loja em Los Angeles, na Melrose Avenue, um dos pontos mais descolados da Califórnia. Atualmente, a marca soma mais de 600 pontos de venda exclusivos no Brasil, distribuídos entre os maiores shoppings e estratégicos centros comerciais. Em número de peças, a marca comercializa cerca de 1,3 milhões por ano entre óculos e relógios. É a maior rede de óculos no Brasil e na América Latina."[2]

Bacana ler tudo isso, o sucesso de um brasileiro que desponta até em terras estrangeiras e desbanca competidores de todos os continentes. Mas o que poucos sabem é a forma como tudo isso começou, desde o embrião. Como muitos outros negócios, a Chilli Beans não nasceu de um plano estruturado, com começo, meio e fim. No início dos anos 1990, depois de não

---

[2] http://pt.wikipedia.org/wiki/Chilli_Beans

dar muito certo como modelo e músico, Caito passou a viajar com frequência para os Estados Unidos. Caito conta em seu livro que costumava pegar um avião na terça para Los Angeles ou Nova York, levando malas vazias. Voltava na quarta com a bagagem cheia de óculos escuros que revenderia no Brasil. "Eu tomava um banho no aeroporto, fazia uma refeição por quatro dólares e voltava para São Paulo", conta.

Numa dessas viagens, ele comprou um lote de 200 pares de óculos de um camelô hippie que estava no calçadão do bairro de Venice Beach, em Los Angeles. De volta ao Brasil, revendeu tudo em pouco tempo. Várias e várias malas depois, Caito fundou, em 1994, sua primeira empresa, a Blue Velvet, atacadista de óculos.

Favelado *versus* muambeiro

Essas palavras foram as etiquetas que os personagens que acompanhamos carregaram antes de escrever uma nova trajetória. São palavras de menosprezo, pesadas no julgamento, preconceituosas.

Por que dois sujeitos que tinham grandes chances de serem apenas "mais um na multidão" constam de um livro relacionado com carreira para jovens? Simplesmente porque estes dois exemplos de sucesso são amostras fortíssimas do que é ter atitude na vida! São pessoas que foram lá e fizeram. Acredite, este "vá lá e faça", pode fazer toda a diferença do mundo para seu currículo, sua vida e sua carreira. É o impulso que realmente diferencia as pessoas que fazem acontecer na vida daquelas que estão de carona neste mundo, esperando algo maior cair do céu. Eterno passeio pela vida à espera da felicidade. Quando o *réveillon* chega você espera que seja um feliz ano novo ou faz o ano novo ser feliz e próspero? Há uma grande diferença nisso tudo, reflita.

Ao nos prepararmos para o mercado de trabalho, costumamos elevar o conhecimento a um alto grau de importância; nesta fase da vida damos muita ênfase a cursos, diplomas e especializações para preenchermos um bom currículo e torná-lo competitivo e atrativo aos olhos de um possível recrutador. Cursos, diplomas e especializações, isso é importante e sempre será. Neste mundo globalizado de hoje, onde tudo se movimenta rapidamente com a evolução da tecnologia, vamos estudar e nos atualizar por muitos e longos anos das nossas vidas.

Independentemente da sua área de atuação, da sua patente, do seu cargo, do seu currículo, é a sua atitude que pode levá-lo para um outro patamar. Seja torneiro mecânico, engenheiro ou ator – cursos, diplomas e especializações serão passos orientados pela tomada de atitude. Não pode ser diferente, cada etapa programada demandará novo foco.

Independentemente da sua área de atuação, da sua patente, do seu cargo, do seu currículo, é a sua atitude que o pode levá-lo para um outro patamar.

Estamos falando menos "fazer melhor" e mais "fazer". Está faltando o "vá lá e faça!" para muitos jovens. Muita teoria, falta de coragem de encarar o novo, de assumir responsabilidade; está faltando peito para errar e se frustrar, aprender com o erro e, consequentemente, jogar de novo.

Nesta busca por ser e/ou fazer algo único e extraordinário, o que é simples está jogado de lado. Vamos fazer, nem que seja pouco perante os olhos do mundo, pode ser muito para a sua vida, pode ser o melhor passo de sua carreira!

CHA de brigadeiro

Lógico que para sair do sofá e ir fazer alguma coisa é preciso competência. Até para fazer um brigadeiro de panela são necessários alguns requisitos. Quantas tentativas de fazer brigadeiro de panela não foram frustradas nos últimos tempos! Quantas tentativas ficam frustradas todos os dias na humanidade inteira? Quanto ao brasileiríssimo brigadeiro, para alguns faltou saber a receita, conhecer os ingredientes e o passo a passo. Para outros faltou mexer o suficiente para não grudar no fundo. Para outros faltou apenas levantar e fazer. Passaram vontade e foram dormir sem comer brigadeiro. ☹

E o que é competência afinal, e o que isto tem a ver com brigadeiro? Qual a receita para se tornar referência como transformador de vidas, largar a tendência de ser um ilegal muambeiro e ser um mega empresário, nem que seja em algo simples como um brigadeiro?

Vale a pena nesse momento apresentar uma filosofia que surgiu nos últimos anos para avaliação profissional, e que leva o nome de CHA. O equilíbrio e a interação entre conhecimento, habilidade e atitude.

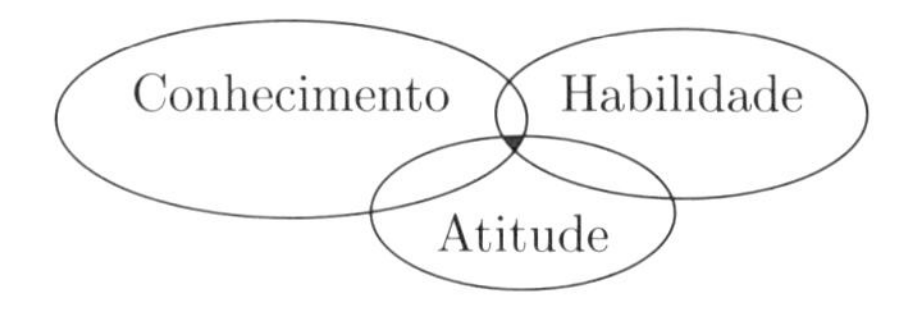

- **Conhecimento** é relacionado ao ato de abstrair ideia ou noção de alguma coisa. É o saber, que geralmente se aprende com estudos, pesquisas e cursos. Nunca é demais.
- **Habilidade** é o grau de competência de um sujeito concreto frente a um determinado objetivo. É o saber fazer.
- **Atitude** é o impulso que nos leva a tomar uma decisão em momentos inesperados. É o querer fazer, e isso muda tudo. É a tradução de ir lá e fazer.

Segundo o consultor e palestrante Max Gehringer, muitos não conseguem progredir na carreira porque não têm atitude; outros usam a palavra como escapatória, como se ela fosse autoexplicativa, para não dar maiores explicações. Realmente, hoje em dia atitude é uma palavra abundante em sinônimos, por exemplo:

- De "decisão": "Precisamos tomar uma atitude".
- De "comportamento": "Não gostei nenhum pouco dessa sua atitude".
- De "ação": "São atitudes como essa que fazem um grande vendedor".

- De "determinação": "O time voltou para o segundo tempo com mais atitude".
- De "posição": "Ele está assumindo uma atitude preguiçosa".
- De "aceitação": "Você precisa ter uma atitude menos crítica com relação à empresa".
- De "sei lá": "Ah, ela tem, assim, atitude, sabe?"

Enfim, pessoas competentes não dão desculpas. São admiradas porque fizeram acontecer, mesmo com medo, mesmo com adversidades. Não criaram explicações e não frequentaram aulas de atitude. Simplesmente foram lá e fizeram.

"Quando falta sorte, tem que sobrar atitude. O azar morre de medo de pessoas determinadas."

Clarice Lispector

O que aprendi aqui

Aprendi na vida que o homem mais poderoso do país em que nasci não possui nenhum diploma oficial (Luís Inácio "Lula" da Silva), mas chegou lá. Aprendi na vida que algumas pessoas com menos "capacidade técnica" do que eu foram mais longe – e chegaram lá. Aprendi que sonhar não é nada se não aprendemos a fazer, mesmo fazendo errado. Aprendi que podemos na vida construir nossa sorte e facilitar as coisas.

Agradeço sempre por ter discernimento de entender que pessoas de sucesso têm o seu valor e não são apenas "viradas para a Lua". Até para ser puxa-saco é preciso ter atitude e competência. Tomar a iniciativa não significa ser insistente ou agressivo. Significa, apenas, que você sabe que precisa tomar atitudes para chegar ao lugar desejado.

10

Diga mais NÃO e ganhe FOCO

Só se constrói uma grande carreira sabendo dizer não para muitas outras carreiras que existem.

Só se atinge um ótimo condicionamento físico sabendo dizer não para certos alimentos.

Só se namora com X, dizendo não para Y.

Só se constrói uma casa na praia sabendo dizer não para o campo.

Só se cursa Administração sabendo dizer não para Direito.

Só se escreve um livro sabendo abdicar de horas livres que poderiam ser mais divertidas.

Cada escolha é uma renúncia – em algum lugar você já escutou isso.

Aprender a dizer não é um exercício que deve ser praticado diariamente nas pequenas situações e, lógico, nas grandes decisões da sua vida.

Segundo o psicólogo Bassy Schwartz, embora uma vida sem escolhas seja insuportável, chegamos ao ponto em que ter uma gama infinita de opções pode ser um problema. "Neste ponto, ter escolha não é mais uma força libertadora, mas debilitadora".

Falamos anteriormente de assumir as rédeas da sua vida. Portanto, escolher é respeitar o seu desejo em primeiro lugar; não é possível fazer uma escolha sobre algo que mudará sua vida pensando nos outros, pois você é a pessoa mais importante nesse jogo chamado vida. Somos o que postamos? Passamos a maior parte do tempo fazendo escolhas, o que implica dizer que somos também o que escolhemos. Oras, postamos apenas o que escolhemos.

Especialistas que estudam a mente humana afirmam que, ao tomarmos uma decisão, acessamos uma espécie de arquivo da memória e conseguimos inconscientemente calcular naquele momento as consequências daquela decisão.

Tudo acontece num piscar de olhos, o cérebro age muito rápido, fazendo um ensaio de uma futura mudança no estilo de vida; assim antecipa os resultados para que se encontre a melhor saída para o impasse.

Exemplo prático: você está com uma fome descomunal e vai a um rodízio de pizzas com seus amigos. Ansioso pelo primeiro pedaço, a pizza que o garçom traz é justamente a de atum, que você não gosta muito, mas comeria se fosse a única opção. Mas você sabe que não é, e no meio da hesitação diz não e agradece, esperando o próximo garçom.

O que aconteceu nada mais é do que uma rápida análise de prós e contras desta decisão de aceitar ou não este pedaço de pizza. Seu cérebro calculou que ele diminuiria a sua fome, mas também que "roubaria" espaço no seu estômago para um outro sabor que lhe agrada mais. Talvez para você, o sabor seja mais importante que saciar a fome, então este pequeno detalhe pode ter feito toda a diferença, de forma silenciosa. Por isso não temos que ter medo de escolher, pois muitas vezes não será um impulso, como pode parecer para quem está de fora; mas algo que já foi planejado "internamente" sem que se perceba.

Umas das melhores formas de tomar uma decisão ou de trazer à tona uma boa discussão a respeito do impasse é elaborando uma boa resposta, que dê mais significado às suas escolhas. Escolhi aquilo porque sim não é uma resposta convincente. Explique de forma coerente aos envolvidos o motivo da sua decisão. Dica simples e fácil de um exercício para ajudar na construção de uma resposta mais elaborada: escreva em um papel no lado esquerdo a palavra "agora" e no lado direito "depois". Descreva em baixo de cada item cinco ou mais sentimentos que traduzem o que pode definir (ou não) uma nova postura; se estiver faltando itens no "depois" é melhor postergar essa decisão.

Se está na hora de fazer escolhas, nunca esqueça desta frase de Steve Jobs: "Foco é saber dizer não".

Respeite o contexto

Recentemente iniciei um novo processo de *coaching* com um rapaz já bem estabelecido na profissão, com 30 e poucos anos, casado e pai de uma filha pequena. Indo direto ao ponto perguntei no nosso bate-papo inicial: "O que você espera do processo de *coaching*?" "Espero que me ajude a tomar uma decisão racional para qual caminho seguir".

Os caminhos possíveis para o rapaz eram:

- Buscar um novo emprego no Brasil.
- Largar a carreira e abrir uma empresa.
- Mudar de país e começar tudo de novo.

Após realizar um trabalho prévio de autoconhecimento, entramos na questão da decisão e o impasse que carregava e o deixava bastante desfocado, visto que cada uma das escolhas implica ações muito distintas para dar certo.

Duas perguntas-chave simples foram importantes para facilitarmos muito o processo e afunilar a decisão, foram elas:

1. Você possui energia e capital o suficiente para recomeçar a carreira em um novo país?

2. Você possui capital suficiente para ficar sem retiradas fixas (salário) pelos próximos 18 ou 24 meses, sem prejudicar sua família?

Parecem perguntas muito simplórias, e não vou gastar seu tempo aqui explorando as respostas que surgiram. O importante neste processo é que esse questionamento serviu para eliminar uma das opções, que era empreender, uma vez que seu fôlego financeiro era baixo para segurar a onda até que a empresa que abrisse entrasse no azul. O contexto foi respeitado acima de tudo, apesar da vontade própria de um dia ter uma empresa. Uma vez com apenas duas opções agora no páreo, a decisão ficou bem menos complexa.

A título de curiosidade, a média das empresas abertas (franquias) começam a dar lucro para o proprietário após 18 meses. Lógico que depende muito do tipo de negócio e o montante investido.

Atalhos são para os fracos

Talvez você tenha chegado a este ponto do livro e concluído que ter sucesso ou alcançar a realização é mais trabalhoso do que imaginava. De fato, é bem mais trabalhoso do que eu imaginava também. Aí, você se lembra que é brasileiro, que você não desiste nunca e que para tudo nessa vida conseguimos dar um jeitinho. Lembra também de algumas histórias que ouviu de pessoas conhecidas, que conseguiram ser espertas, pegaram alguns atalhos e chegaram lá – bem onde você queria estar agora.

Triste. O que não falta hoje são jovens buscando o caminho mais curto, na forma de atalho, no braço curto. Enquanto não mudarmos essa mentalidade, seremos sempre um país subdesenvolvido, não apenas em indicadores sociais e macroeconômicos, mas em indicadores morais – invisíveis às estatísticas.

Sem falar na produtividade do trabalho em si, que é um indicador que dá a medida da eficiência do trabalho em cada lugar. Nesse quesito, podemos falar que estamos caminhando bem mal. De forma simplória, podemos dizer, que se no Brasil cada trabalhador produz 100 sapatos por mês, nos Estados Unidos cada um produz 200. Ou seja, a produtividade no setor calçadista americano é nada mais nada menos que o dobro da brasileira. E por que tudo isso?

Complexo afirmar, mas a revista britânica *Economist,* por exemplo, sugeriu em uma publicação que o problema poderia sim ser atribuído a fatores culturais.

"Poucas culturas oferecem uma receita melhor para curtir a vida", citando um empresário estrangeiro que teria tido dificuldade para contratar profissionais comprometidos com o trabalho no Brasil.

Estamos tomando cafezinho demais, ignorando prazos para entrega de resultados e checando demais as redes sociais na hora do trabalho? Talvez sim.

Discipline-se: fama é diferente de sucesso

"Impor a disciplina a si mesmo é uma das grandes vitórias do homem contra si mesmo."

Texto Judaico

Uma vez que você já sabe que foco é importante e que os atalhos não valem a pena, vamos falar em como atingir objetivos e chegar a algum lugar de fato. Fama é algo bem diferente de sucesso – não se engane com o que seus olhos enxergam na *timeline.*

Sabe aquela história de que algumas coisas precisam ter um processo com começo, meio e fim? Pois bem, tem alguma semelhança com a tal da conquista da disciplina.

Estudos sobre o processo de desenvolvimento humano mostram três fases distintas e que se comunicam: consciência, ação e disciplina.

1. As pessoas ganham consciência do que precisam fazer. Nível fácil – o que não faltam são frases de incentivos nas redes sociais para lhe dar um segundo de consciência sobre alguma coisa.

2. Algumas entram em ação, o que já é um grande diferencial, mas que não garante o sucesso. Nível médio – o que não faltam são os atletas de final de semana e as dietas da segunda-feira. É apenas o começo.

3. O êxito está na capacidade de se disciplinar e se manter rumo aos objetivos. Nível difícil – poucos chegam no fim. Falta disciplina, perseverança, manutenção.

De nada adianta focar no ítem dois e no ítem três se não acionar internamente a força de vontade: sua capacidade de começar algo e dizer “Hora de ficar engajado!”.

A força de vontade fornece um “turbo” forte e poderoso, porém temporário. Uma energia que queima rápido, mas que se for focado, pode trazer a energia necessária para superar a inércia e criar momento.

O que aprendi aqui

Minimize o número de opções que o mundo lhe dá para tudo. Desde a compra de um carro, a escolha de uma namorada ou de uma profissão. Considere seu contexto de uma forma mais ampla e divida sua angústias e sinucas de bico com pessoas mais experientes. A bagagem pode fazer muita diferença nesse momento. Para que ir sozinho?

Saber o que quer é uma das grandes vitórias que você pode ter sobre si mesmo. O resto será consequência do trabalho e dedicação. A antiguidade já dizia:

"Não existe vento favorável para o marinheiro que não sabe aonde ir."

Sêneca

Não busque atalhos, mesmo que eles sejam sedutores; a mudança que buscamos para o Brasil começa dentro de casa, em você. Busque disciplina, nenhuma história fica legal com começo, meio, mas sem o fim.

11

Construa a sua felicidade

Chegou a hora de falar do objeto da busca de qualquer ser humano que habita na Terra e acorda todos os dias: felicidade! Se você investiu o seu tempo na leitura de um livro que fala de carreira, é porque você quer ser mais feliz! Carreira de sucesso e realização tem tudo a ver com felicidade, mas esta, porém, nem sempre é alcançada. Muita gente neste mundo foi para uma melhor sem ter alcançado a felicidade ou plenitude em suas profissões.

Mas afinal de contas, onde encontraremos esta tal felicidade de que tanto falam, que estampa capa de revistas e filmes? É possível ser feliz a todo tempo? Nascemos para ser felizes?

Onde vou ser mais feliz? Como dono do meu próprio negócio? Trabalhando para alguém? Ajudando o próximo? Em um mar de questões sem respostas, vale a pena sua atenção na leitura do trecho abaixo, retirado do excelente artigo da jornalista Eliane Brum; um dos meu preferidos:

"Ao conviver com os bem mais jovens, com aqueles que se tornaram adultos há pouco e com aqueles

que estão tateando para virar gente grande, percebo que estamos diante da geração mais preparada – e, ao mesmo tempo, da mais despreparada. Preparada do ponto de vista das habilidades, despreparada porque não sabe lidar com frustrações. Preparada porque é capaz de usar as ferramentas da tecnologia, despreparada porque despreza o esforço. Preparada porque conhece o mundo em viagens protegidas, despreparada porque desconhece a fragilidade da matéria da vida. E por tudo isso sofre, sofre muito, porque foi ensinada a acreditar que nasceu com o patrimônio da felicidade. E não foi ensinada a criar a partir da dor."

O trecho mencionado, por si só, já contém o foco do capítulo todo sobre este tema. A força da frase "foi ensinada a acreditar que nasceu com o patrimônio da felicidade" é marcante e visível em muitos da atual geração. Com certeza o excesso de amor e zelo dos pais superprotetores é um dos fatores preponderantes para a criação deste sentimento de posse de algo maior, deste "direito" que acham que têm...

Como abordar o assunto da "construção da felicidade" com esta geração, sendo que, entre todos os direitos emocionais humanos, a felicidade talvez seja o mais difícil de conquistar?

Reflitamos em partes, com individualidade: o que significa felicidade para você? Parece uma pergunta simples e fácil, mas não é. São muitos e muitos os jovens que nem sabem verbalizar o que é felicidade, quando ela acontece, ou como se faz para permanecer feliz por mais tempo.

Não sou um especialista ou pesquisador do assunto "felicidade", mas a experiência de vida e o aprofundamento dos estudos sobre comportamento humano me ensinaram muito sobre isto. Trago aqui alguns pontos importantes para desmistificar esse assunto e fazer você refletir sobre o que pode levá-lo a ser mais feliz.

Entenda de uma vez por todas que você não nasceu para ser feliz, e sim para aprender a ser feliz

A equação da vida traz uma regra que dificilmente falha: para ficar bom em alguma coisa, você precisa se dedicar e investir seu tempo. É assim com o andar de bicicleta e empinar pipa. E por que ser feliz ficaria de fora disso?

A sua felicidade será proporcional ao nível de suor que você produz diariamente, em prol daquilo. Ou seja, proporcional ao seu esforço e dedicação. Por falar nisso, quanto você já suou hoje para ser feliz?

Valorize muito aquilo que você tem

A essência do ser humano nos leva a sempre dar mais valor ao que não temos, o que falta e incomoda. Mas talvez a abordagem mais simples e importante para encontrar a felicidade é a valorização do que se tem, em vez da ênfase às perdas e a tudo que ainda lhe falta.

É muito fácil acordar reclamando de tudo em uma segunda-feira fria e cinzenta, mas acredite: a segunda-feira cinzenta de alguém que tem um emprego pode ser muito mais realizadora e completa do que uma sexta-feira ensolarada de alguém desempregado.

Ande com quem lhe faz bem e o respeita

Talvez as coisas não estejam dando certo na sua vida por você estar cercado de coisas pesadas, e essas coisas podem ser pessoas e "amigos". Não escolhemos a família em que nascemos e existe alguma razão por você pertencer a ela. Mas podemos sim escolher as pessoas com quem queremos viajar, trocar mensagens instantâneas, com quem podemos dividir nossas conquistas e que nos ajudem nas horas difíceis.

Pense nisso!

Acredite que tudo tem seu tempo

Não tente apressar as coisas na sua vida. Tudo chega no seu tempo, de acordo com seu merecimento, maturidade e preparo. Talvez não tenha chegado a sua hora de ter tudo com o que sonhou ou acha que merece ter e desfrutar. Quer o carro dos seus sonhos, tão caro, que ainda não pôde comprar? Trabalhe mais! A viagem da sua vida ainda está à sua espera? Faça por merecer, poupe, planeje! Não vê a hora de ser gerente? Adquira mais experiência, aprenda a ser um bom comandado para ser um bom comandante e o mercado de trabalho irá recompensar seus esforços.

"Sucesso se faz com a experiência e sabedoria do passado, o conhecimento e inovação do presente e o desafio e ousadia do futuro."

Laércio Cosentino, CEO e fundador da TOTVS

Largue de uma vez o "achismo"

Achismo significa: tendência em avaliar as situações segundo as próprias opiniões ou intenções, muitas vezes sem justificativa.

O que posso acrescentar a isso? Simples: você ainda não sabe de tudo sobre a vida, portanto sua opinião pode ser errada, infundada ou limitada. Aprofunde-se no que realmente é de interesse, estudando, comparando experiências, perguntando a quem conhece.

Busque justificativas plausíveis para suas decisões: opte com base forte, pensando bem... você só tem a ganhar com isso!

Seja muito curioso

A curiosidade é uma das coisas mais bacanas que você pode carregar para o início da sua carreira, e o melhor: é gratuita!

Criatividade caminha lado a lado com inovação, estimula a criatividade e inspiração. Mas não basta sair perguntando por aí incomodando os outros. Ser curioso é também contribuir com outros, trazendo novos pontos de vista e que ainda não foram considerados. Ser curioso é manter a criança que existe dentro de você viva e pronta para sempre absorver o que o mundo tem para ensinar.

Einstein gostava de curiosos:

“A mente que se abre a uma nova ideia, jamais voltará ao seu tamanho original.”

Não desista facilmente de seus sonhos

Acredite: não vai ser fácil ter sucesso ou encontrar o trabalho da sua vida. A palavra “fácil” é totalmente incompatível com carreira bem-sucedida. Veja a lição do verbo “desistir”: É muito confortável desistir de algo quando as coisas não saem bem ou começam a trazer dificuldades, é um corte, mas esse é o ponto que diferencia quem vai chegar com força aos seus objetivos. Na vida e para tudo, desistir sempre será a opção mais fácil. Para os fracos.

“Aprendi que o amor chega na hora exata.

Que a maturidade vem aos poucos.

Que família é tudo.

Que amigos bons e sinceros são poucos.

Que cuidar da sua vida é sempre a melhor opção.

Que dias melhores sempre virão.

Que na vida, nem tudo vale a pena,

E, principalmente, que minha felicidade depende das escolhas que eu faço."

Tamyres Moreira da Silva

12

Conclusão

Independentemente da cidade em que vivemos, o ritmo das nossas vidas nos deixa estressados, tensos e irritados. A pressão por boas decisões e escolhas conscientes é grande e tudo isso nos tira a paz e o sossego. Se alguma coisa não dá certo na nossa vida, logo começamos a duvidar de nós mesmos e achar que temos mais defeitos e que não somos tão bons quanto o mundo aposta.

Quanto mais o homem cria, mais a humanidade avança e cria novas tendências. A cada década fica mais conturbado falar de profissão, carreira e escolhas; o número de profissões aumenta de forma exponencial.

Decisões de carreira são e sempre foram angustiantes, independentemente da época em que se viveu. Trazem o incerto pois se trata de futuro, algo que é seu mas ainda não lhe pertence. E não é porque eu tenho mais de 10 anos de carreira que eu não tenho minhas angústias e dúvidas. A grande diferença é que aprendi a ponderar de forma mais profunda e racional sobre elas, e isso me acalma e me faz ficar seguro e tranquilo. Preparamo-nos muito bem para os momentos positivos e as condições favoráveis; mas esquecemos que as adversidades virão – e sem dó – e não escolherão por sobrenome ou afinidade.

Nos últimos dois anos, recebemos mais de 200 jovens na empresa (Ycoach) em busca de *coaching* e orientação de carreira – é um grande laboratório de observação para mim e meus sócios. O que posso concluir é que todos precisavam de ajuda de pessoas mais experientes e que a grande maioria não buscou referências e suporte nas suas profissões.

Sabe aquela história do "tudo depende do referencial" que você tanto escutou no colégio ou na escola? Pois bem, vivemos em um tempo onde as verdades individuais são todas válidas! Numa discussão, duas pessoas podem passar horas debatendo um assunto sem sair do lugar e, ao final, continuarem com seus pontos de vista, pois cada um está certo de acordo com si mesmo. Isso criou uma cultura de que tudo pode ser considerado correto, pois não há um ponto de referência absoluto como padrão.

Dessa forma, a melhor das dicas que posso dar para pessoas em início de carreira é a de procurar um (ou mais) mentor (es). Ao pensar em carreira é necessário buscar uma referência. Talvez a sua verdade individual seja uma imagem distorcida.

Exercício rápido

Feche os olhos e pense em uma pessoa em quem você se inspira. Quem é a sua referência? Em quem você se espelha? Quem você admira de verdade?

Se você pensou em alguém famoso, uma personalidade ou alguém distante que admira... ele não é candidato para ser seu mentor! A mentoria traz uma prerrogativa: contato, proximidade, uma certa intimidade. Achou algum nome na sua cabeça e memória? Então, bingo! Essa pessoa pode ser o seu mentor! E não precisa ser uma pessoa com muito mais idade que você, um senhor de barbas brancas e óculos. Pode ser um jovem experiente! Uma pessoa próxima, acessível, na qual se pode confiar e dividir as angústias que carregamos e obter uma nova visão e opinião sobre determinado cenário e questão. Alguém que já errou muito na vida, se equivocou, caiu, levantou. Uma pessoa calejada, tarimbada, com bagagem e quilometragem.

Acredite: por mais frias que as pessoas pareçam, com certeza neste mundo existe alguém muito interessado em lhe ajudar e fazer parte da sua história.

Ter um mentor é algo relativamente simples, que não custa nada (financeiramente falando) e que pode ser feito amanhã. Basta querer e ir atrás de uma pessoa que o inspire e seja uma referência.

O que você está esperando? Orgulho próprio não o levará a lugar nenhum neste momento. Eu fui um jovem orgulhoso e decidi caminhar sozinho. Errar sozinho. Bater a cabeça. E me arrependo muito disso.

Vale a pena falar também dos estereótipos[1] em que você se espelha. A mídia de forma geral manipula

---

[1] Estereótipos são generalizações que as pessoas fazem sobre comportamentos ou características de outros. Estereótipo significa impressão sólida, e pode ser sobre a aparência, roupas, comportamento, cultura etc. (Fonte Wikipédia)

nossas mentes, polui nosso imaginário e deturpa algumas percepções. Estão exigindo muito de você, e isso pode lhe atrapalhar. O excesso de cobranças e pressões sugam nossa capacidade de ponderar de forma saudável. O ser humano ainda possui coração e sangue correndo nas veias, assim como você...e tudo tem limite.

Lembre-se que:

Nem todo político é ladrão.

Nem todo engenheiro usa botas.

Nem toda blogueira é dondoca.

Nem todo médico faz plantão 24 horas.

Nem todo ator tem tudo o que quer.

Nem todo empresário é dono do próprio nariz.

Nem toda nutricionista é magra.

Nem todo publicitário fuma maconha.

Nem todo chefe de cozinha só come o que quer.

Nem todo dançarino é homossexual.

Nem todo repórter é imparcial.

Nem toda empregada doméstica anda de ônibus.

Nem todo mundo é tão feliz quanto parece.

Nem tudo que você vê, realmente é!

Por fim, este livro não o livrará dos erros, mas pode dar uma nova versão sobre os aprendizados que vai tirar das suas cicatrizes e eventuais tombos. O mundo está aí para distraí-lo e tirar sua atenção. Estamos pobres de atenção, e ela funciona assim como um músculo: se não for utilizada, vai atrofiar.

Se você chegou até aqui e manteve a atenção neste livro, parabéns! Na pior das hipóteses, treinou a sua atenção!

You are not born a winner.

(Você não nasce um vencedor)

You are not born a loser.

(Você não nasce um perdedor)

You are born a chooser.

(Você não nasce para fazer escolhas)

SUCESSO NAS SUAS ESCOLHAS!

13

Bônus

A palavra da especialista de Recursos Humanos – com Vera Lana

Em primeiro lugar, gostaria de agradecer ao Felipe pela oportunidade de estar aqui, dialogando com os leitores e de passar um pouco da minha vivência profissional durante estes 25 anos de atuação na área de Recursos Humanos.

No decorrer destes anos, sempre procurei manter um olhar atento aos discursos das pessoas, sejam elas jovens em início de carreira profissional ou aquelas que estão em busca de novas oportunidades de trabalho ou de mudança de área de atuação. Os interesses diversos, intenções e razões de escolhas me motivam a querer entender o comportamento das pessoas frente aos desafios apresentados a elas no momento da entrevista. Como é o processo de escolha para cada um dos meus entrevistados? Por que reagem de forma tão diferente frente aos novos desafios? O que estimula e desencadeia um processo de escolha? Como entender e identificar decisões ora contaminadas pela emoção e ora tão assertivas e racionais? Como transmitir informações e orientar estas pessoas no curso desta caminhada?

Todas estas reflexões trazem à tona a importância do nosso papel, pois enquanto profissionais da área de Recursos Humanos, somos verdadeiros artistas da gestão de pessoas, compartilhando sempre nossos conhecimentos e transformando as pessoas para acolherem e compartilharem de um mundo cada vez melhor. Esta é a nossa verdadeira missão. Nosso trabalho não se limita ao chavão: "contratar a pessoa certa, para o lugar certo e na hora certa". Nosso trabalho é contratar a pessoa certa, para o lugar certo, na hora certa e que trabalha pelo motivo certo. Achar pessoas certas para o lugar certo é factível, mas que deseja trabalhar pela razão certa, (entendendo que razão certa não é só salário, título, *status*, cargo, seja lá o que for), isto é, trabalhar porque quer fazer diferença, agregar valor para a empresa, crescer com ela, impactar nos resultados dos clientes. Isso sim, é um desafio constante.

Essas pessoas que trabalham pela razão certa e munidas desta atitude, fazem toda a diferença e transformam o ambiente no qual estão inseridas, de uma forma sustentável. Meu desejo constante é que as pessoas sejam agentes de mudança, tenham uma visão e uma atuação diferenciada em sua área de escolha profissional. Executem seus trabalhos com afinco, que somem e agreguem valor para a empresa e cresçam com esta experiência, pois assim as possibilidades de uma realização profissional e pessoal serão maiores, a cada dia, a cada ciclo compreendido naquela empresa e naquela organização.

"... a vida é um processo que flui, que se altera e onde nada está fixado..." (Carl Rogers). Para Carl Rogers qualquer dificuldade que o ser humano apresenta se torna uma oportunidade para que se revele mais a si mesmo, entrando em um processo de auto-amadurecimento. Eu sigo este aprendizado em minha rotina de vida. Procuro me preparar para estar na estrada da vida, munida de todos os instrumentos possíveis para não me abater frente aos obstáculos e aos possíveis desvios de rota. Não tenho aqui uma fórmula mágica, um caminho novo para apresentar para vocês em suas carreiras profissionais e sim mostrar para vocês que é totalmente cabível um novo jeito de caminhar, em diversos tipos de estrada, deixando marcas consolidadas e um legado.

Neste intuito e movida por este desejo de desenvolvimento de carreira, apostei muito no vídeo *Entrevista com Estagiário*, mencionado pelo autor deste livro. De uma forma cômica, mostramos atitudes imaturas de um profissional iniciando sua carreira. Várias frases mencionadas no vídeo foram tiradas do meu dia a dia e de muitos outros colegas de trabalho, gestores e eternos entrevistadores. E, para nossa surpresa, várias pessoas se identificaram com o personagem. Isto mostra, mais uma vez, o que o autor menciona no livro: as pessoas não se preocupam com a sua imagem e nem com o que estão postando em suas redes sociais. A *Entrevista com Estagiário* traz à tona este contexto desconectado. Pessoas que não aproveitam as oportunidades presentes, por desconhecimento deste universo corporativo e de uma carreira na área escolhida, atribuindo a fatores externos suas decepções e frustrações, como se não fossem os protagonistas de sua caminhada. Percebemos, então, o quanto é importante transmitir e trocar com nossos leitores nossas informações e aprendizado. Quando vivenciam de verdade a experiência profissional, quando se tornam protagonistas de sua trajetória, a atitude madura e firme transforma as circunstâncias e mobiliza ações em prol deste crescimento consolidado.

No meu trabalho, tenho a oportunidade de ler e ouvir a experiência de cada pessoa que entrevisto e procuro ir além das informações tangíveis e visíveis, assimilando conhecimentos na troca destas informações, construindo relações com quem está dentro e fora do meu ambiente de trabalho. Acabo me deparando com todo tipo de situação: pessoas engajadas, interessadas em aplicar na prática o conhecimento acadêmico, em plena construção de carreira e outras que não sabem nem os motivos de sua opção acadêmica. Em contrapartida, pude acompanhar jovens, cuja oportunidade de estágio proporcionaram experiências riquíssimas, com amplitude da sua visão de negócio e da sua oportunidade de trabalho. Sei que, para todos nós, escolher uma profissão é olhar muito além do momento presente. Significa que nossas ações podem gerar efeitos duradouros e que aquilo que fazemos influencia e afeta a vida de demais pessoas. É um ato de responsabilidade social que deve estar alinhado com o desenvolvimento sustentável da sociedade como um todo.

Importante conhecer este universo dos jovens, suas ambições, preparos e despreparos, suas frustrações e expectativas.... Tantos anos conversando, entrevistando, aconselhando... tantos anos ajudando a pensar e a transformar algo duvidoso em uma possibilidade de acerto. Escolhas: saber lidar com acertos e erros? No fundo, saber negociar! Com quem? Negociar com você mesmo! Negociar com sua ansiedade, negociar com suas frustrações... O melhor caminho? Se conhecer, se reconhecer em seus erros e acertos... Ser você! Tantas angústias e tantas conquistas... O segredo? Atitude! Sempre! Em tudo na vida: Atitude! Foco! Ser protagonista de sua vida... Como? Assumindo o comando!

O que sei: é que todos nós já passamos por isto e que, ao nos prepararmos melhor para estes momentos de questionamento, onde nos sentimos perdidos e sem rumo, passaremos por este turbilhão de emoções com maior preparo técnico e comportamental. O conhecimento nos dá autoridade e o reconhecimento de todas estas situações nos levarão a permanecer na nossa trilha. Escolhas conscientes nos auxiliam a definir nossa identidade profissional, projetando um ciclo de vida de carreira "impecável", mitigando riscos e acelerando o alcance de metas e bons resultados! Meu trabalho é fomentar e orientar a formação de uma juventude comprometida com seu próprio destino. Minha energia vem do desafio de construir junto com os jovens uma autonomia para aprender, de forma saudável e responsável, alicerçada no autoconhecimento, na atitude empreendedora, em conhecimentos sobre a vida universitária e a respeito das inúmeras opções que se abrem no mercado de trabalho em termos globais.

A partir da ampla interpretação que o termo "autonomia para aprender" possa provocar, é necessário enfocá-la apenas no sentido de que o profissional, com a orientação adequada e num ambiente que incentive a troca de experiências em equipes, possa ser capaz de assumir grande responsabilidade pelo próprio processo de aprendizagem e, consequentemente, adaptar parte deste aprendizado à gestão de sua própria carreira.

O recado que tenho para passar para quem inicia nas empresas

Ao iniciarmos em uma empresa, devemos respeitar a cultura organizacional, sua hierarquia formal e fluxo de poder informal e ter a devida qualificação profissional.

No trabalho, ampliamos nossas oportunidades de conhecer pessoas que, direta ou indiretamente, irão influenciar as nossas vidas para sempre. Cultivar relacionamentos, ao longo dos últimos anos, tem sido uma das mais discutidas competências no mercado de trabalho. A comunicação eficaz e assertiva potencializa as oportunidades e é nossa aliada na concretização de metas profissionais. O equilíbrio emocional é nosso parceiro essencial nesta caminhada, pois por meio dele o profissional gerencia o ambiente organizacional, estabelecendo pontes para relacionamentos que possam agregar valor à sua trajetória profissional. Gerenciar conflitos e promover sinergias, acaba impactando positivamente na construção da nossa identidade pessoal e profissional. A negociação influencia no convívio, nas empresas e entre parceiros de trabalho. Aprender a mediar e conciliar posicionamentos opostos é um diferencial a ser aplicado pelos talentos no mercado. E, é claro, é de vital importância, permanecer numa condição de aprendizado e atualização contínuos. A educação continuada nos prepara frente aos novos desafios e as constantes e velozes mudanças na sociedade. Nosso desafio constante: estarmos preparados para o futuro.

E o futuro?

O mercado de trabalho vem sofrendo profundas mudanças nos últimos anos e a tendência mundial é de que ocorram cada vez mais rápido. Disponibilidade, amplitude de conhecimentos, abrangência de ações, visão holística, sem perder de vista as individualidades são algumas competências básicas para qualquer indivíduo manter-se atualizado. Profissionais de conhecimentos mais amplos e profundos são hoje os mais procurados pelas organizações e farão a diferença em um mercado competitivo.

Como nos preparar para este futuro e dialogar com as empresas?

1. O autoconhecimento está relacionado ao aprimoramento da percepção sobre as próprias expectativas profissionais. O autoconhecimento é fundamental no processo de gestão de carreira,

uma vez que não existem fórmulas infalíveis para construir uma carreira de sucesso, até mesmo porque o conceito de sucesso pode variar de pessoa para pessoa.

2. Alinhar as nossas atuais atribuições profissionais com os novos paradigmas empresariais, porque nem sempre estaremos fazendo apenas o que gostaríamos de fazer. Aborrecimentos momentâneos podem servir de lição para que, no futuro, desenvolvamos planos de contingências que nos auxiliem a conviver com os imprevistos e as contrariedades, preservando o controle emocional.

3. Habilidade para elaborar uma estratégia particular para competir no mercado. Como profissionais competentes, devemos exibir no mercado de trabalho, muitas das virtudes que possuem os melhores estrategistas que conhecemos ou que já estudamos.

Temos que conhecer nossos competidores e nos prepararmos para esta concorrência.

Analisando a rotina de processos seletivos, posso validar o quanto o autoconhecimento e controle emocional do candidato são determinantes para sua aprovação em um processo seletivo. Se por um lado o mercado de trabalho exige jovens preparados tecnicamente e conectados com a informação, por outro lado, os seus concorrentes estão inseridos na mesma realidade. A oportunidade de se diferenciar está em suas mãos ao se mostrar de forma mais segura e integrada em suas atuações.

Portanto, temos por um lado as empresas investindo recursos no crescimento de suas equipes e, do outro lado, os profissionais fazendo a sua parte, atuando como protagonistas de suas própria história e desenvolvimento. Uma carreira é feita por um indivíduo, mas se as pessoas não forem atrás, se não mantiverem as rédeas nas mãos, não construirão uma carreira sólida. A empresa propõe a primeira trilha, mas as demais trilhas de desenvolvimento somos nós que construímos. Esta trilha buscamos dentro de nós. As incoerências e incertezas fazem parte da vida e se sabemos revelá-las nós conseguiremos trabalhá-las sempre. Temos aspirações, atributos, temos que renovar nossa visão de futuro. Vamos pegar nossa cultura e vamos resgatá-la a cada dia que se fizer necessário. Para que as palavras se tornem realidade, temos que vivê-las. Quando trazemos uma cultura, trazemos a gestão da cultura e temos que fazer com que a nossa cultura seja pensada, refletida e vivenciada.

A gestão de pessoas exige habilidades que extrapolam o conhecimento de técnicas e metodologias. Precisamos entender as características do ambiente organizacional, a cultura que predomina e o objetivo estratégico que norteia a empresa, trazendo pessoas capazes de lidar com situações novas, com bom senso, terem abertura para novas informações e que busquem sempre o autoconhecimento. É uma relação de confiança mútua e de responsabilidades peculiares.

Este é o meu grande desafio e o que me motiva a cada dia que passa no exercício da minha profissão: dialogar e mostrar que é possível fazermos a diferença e construirmos os nossos próprios caminhos.

Vera Júnia Paiva Lana

Sócia fundadora do Grupo Veralana Recursos Humanos

14

Anexo: Autoconhecimento

Mas o que é autoconhecimento afinal?

"Eu me conheço muito bem, melhor que qualquer um à minha volta"! De fato, ninguém melhor que nós mesmos, para nos conhecer no ponto profundo de nossa intimidade e tirar conclusões sobre nossa personalidade, seus altos e baixos, aptidões e gostos. Mas quando falamos de autoconhecimento formal, feito por profissionais, a coisa é mais profunda do que um achismo; muito mais detalhada do que um horóscopo de jornal gratuito entregue em sinal de trânsito.

Gosto muito desta definição sobre autoconhecimento: "É a capacidade que nos permite perceber, de forma gradativa, tudo que necessitamos transformar".

E como a palavra **transformar** remete a mudanças, e esperamos que sejam para melhor, fica a questão: Como mudar o que não conhecemos e entendemos de forma completa ainda?

De maneira simples e objetiva, autoconhecimento é um processo que tem começo, meio e não tem fim. Não só o ser humano está em constante mudança e evolução – o próprio mundo também está.

Fato é que para atingirmos a tão desejada plenitude, precisamos conhecer nossos pontos cegos, vulnerabilidades e ter autoconsciência do que desenvolver para sermos melhores como pessoa e como profissionais.

Mais do que isso, precisamos identificar algumas crenças que acumulamos ao longo da vida a respeito de nós mesmos e do próprio mundo. E essas crenças podem, de maneira automática no nosso cérebro, guiar e determinar nossas escolhas e reações. Passamos a acreditar fortemente em algo a partir de lições conscientes ou não que aprendemos com a vida. Quando positivas, essas crenças podem nos alavancar e nos fazer progredir. Entretanto, quando nos fixamos em aspectos negativos por meio de crenças incompletas, falhas ou omissas, e nos negamos a mudar/enxergar, acabamos por nos limitar e travar o progresso.

Não existe uma hora ou peridiocidade certa para revisar seus pontos fortes e fracos, paixões, caráter, preferências. Quem dá o tom é a própria pessoa, a necessidade de um novo autodiagnóstico que pode vir de acordo com mudanças de fases de vida, de recomeços, a cada ciclo que chega por bem ou por mal.

Você deve estar se perguntando como são as maneiras de obter autoconhecimento. A título de curiosidade, vou contar como surgiu um dos principais testes para identificar tipos psicológicos, o MBTI.

Em 1927, Carl Jung lança um de seus livros, "Tipos Psicológicos", onde ele categoriza seus pacientes, e em consequência os seres humanos, em três critérios, que poderiam assumir duas posições opostas, criando oito tipos de personalidade diferentes. Ele não aprofunda muito seus estudos, pois seus métodos, apesar de ter conclusões fantásticas, eram talvez um pouco esotérico demais.

Na década de 1950, duas moças, Katherine Briggs Myers e sua filha Isabel Briggs Myers, que eram diretoras de uma fábrica nos EUA, após a Segunda Guerra Mundial, tiveram que contratar várias mulheres, no lugar dos homens que saíram para o *front*. Elas começaram a observar grandes diferenças de comportamento entre elas, e conheciam o trabalho de Jung, então pensaram um desenvolver um indicador (teste não, pois não eram psicólogas, nem psicometristas) que pudesse captar os tipos psicológicos nas pessoas, para que se pudesse encaixá-las dentro dos diferentes tipos psicológicos, para entender suas expectativas, comportamento, entre outras características descritas por Jung.

Estudando um pouco mais da teoria, e aplicando na prática, elas identificaram que havia mais um fator em jogo, que alterava então toda a estrutura dos outros três. Deu-se então em 16 tipos, organizados pelos critérios: Extroversão/Introversão,

Sensação/Intuição, Pensamento/Sentimento e Julgamento/Percepção. O interessante é perceber que as palavras assumem características diferentes do que é usado normalmente (exemplo: extroversão). Elas então criaram o indicador e chamaram-no de Myers Briggs Type Indicator, que é como ele é conhecido hoje em dia.

Segue uma explicação breve das dimensões e características dos tipos:

A primeira dimensão do tipo de personalidade diz respeito a como interagimos com o mundo e, principalmente, onde obtemos e onde dirigimos a nossa energia.

- **Extrovertidos (E)**
  - São energizados quando interagem com outras pessoas.
  - Gostam de concentrar sua energia no mundo externo das coisas e pessoas.
- **Introvertidos (I)**
  - São energizados quando despendem o tempo sozinhos.
  - Gostam de concentrar sua energia no mundo interno das ideias e pensamentos.

A segunda dimensão do tipo descreve as duas maneiras diferentes como as pessoas percebem, ou assimilam as informações. Que espécie de informação notamos naturalmente? Algumas pessoas concentram-se no que é, enquanto outras no que é possível.

- **Sensoriais (S)**
  - Normalmente prestam mais atenção a fatos e detalhes.
  - São pessoas mais realistas e práticas.
- **Intuitivos (N)**
  - Tentam entender as conexões, significados e implicações.
  - São pessoas mais imaginativas e criativas.

A terceira dimensão do tipo se relaciona com a maneira como tomamos decisões e chegamos às conclusões. Todos nós apresentamos uma preferência natural inata por tomar decisões baseadas na lógica ou em nossos sentimentos e valores pessoais.

- **Pensadores (T)**
  - Tomam as decisões mais objetivamente, pesando os prós e contras.
  - Valorizam a lógica e a justiça; um padrão para todos.
- **Sentimentais (F)**
  - Tomam as decisões baseados em como se sentem acerca do assunto e como os outros serão afetados.

- Valorizam a empatia e a harmonia; veem a exceção para a regra.

A quarta dimensão do tipo de personalidade (desenvolvida pelas Briggs) se relaciona a se preferimos viver de uma maneira mais organizada (tomando decisões) ou de uma maneira mais espontânea (assimilando informações).

- **Julgadores (J)**
  - São mais felizes depois que as decisões foram tomadas.
  - Tendem a tomar as decisões rápida e facilmente.
- **Perceptivos (P)**
  - São mais felizes deixando as suas opções abertas.
  - Tendem a sentirem-se ansiosos e inseguros ao tomarem decisões.

Fonte: http://www.poderdavida.com.br/testes/107-mbti-tipos-psicologicos.html.

Existe uma certa sedução na ideia de preencher um teste padronizado e encontrar um par perfeito entre personalidade e carreira dos sonhos. Raramente as expectativas são cumpridas, pois apenas um teste não é suficiente.

Fica aqui o meu convite! Procure se conhecer de uma forma estruturada e que vá além de "achismos" e horóscopos de portal da internet. Existem inúmeras maneiras de se conhecer. Pesquise, seja curioso, vá além do que jovens da sua idade fazem! Esse é um dos pilares para uma carreira de sucesso.

DICA: Na internet é possível encontrar alguns testes simples de autoconhecimento. Caso queira algo mais profundo, sugiro procurar um profissional que além de aplicar o teste corretamente, fará uma devolutiva pessoalmente.

CONHEÇA OUTRA OBRA DO AUTOR:

PROFISSÕES DO FUTURO – VOCÊ ESTÁ NO JOGO?

Autor: Sidnei Oliveira

Colaboradores: Camila Caputti e Felipe Maluf

ISBN: 978-85-8211-048-5

Formato: 11,5 x 18,5

Contatos do autor
felipe@ycoach.com.br
Fone: 11 97444-8995

Sites:
www.felipemaluf.com.br
www.ycoach.com.br